Davis Diniz

NOSTALGIA FORMAL

coleção LUSCO FUSCO

Davis Diniz

NOSTALGIA FORMAL

/re.li.cá.rio/

NOSTALGIA FORMAL

é mais fácil imaginar o fim da arte contemporânea
do que debater os vitalismos poéticos na era
do capitalismo tardio?

A Modernidade [Modernité] é o transitório, o efêmero, o contingente, é a metade da arte, sendo a outra metade o eterno, e o imutável (...). Em poucas palavras, para que toda Modernidade seja digna de tornar-se Antiguidade, é necessário que dela se extraia a beleza misteriosa que a vida humana involuntariamente lhe confere.

Charles Baudelaire, *Sobre a modernidade*,
Trad. Suely Cassal

Ficamos pobres. Abandonamos, uma a uma, todas as peças do patrimônio humano, tivemos que empenhá-las muitas vezes a um centésimo do seu valor para recebermos em troca a moeda miúda do "atual". A crise econômica está diante da porta, atrás dela está uma sombra, a próxima guerra.

Walter Benjamin, "Experiência e pobreza",
Trad. Sérgio Rouanet

A contradição, por si mesma, é a prova de que não somos tudo. A contradição é a nossa miséria, e o sentimento de nossa miséria é o sentimento da realidade. Pois nós não fabricamos nossa miséria. Ela é verdadeira. É por isso que devemos estimá-la. Todo o resto é imaginário.

Simone Weil, *O peso e a graça*,
Trad. Leda Cartum

SUMÁRIO

INTRODUÇÃO

Nostalgia formal é a expressão usada pelo crítico britânico Mark Fisher (1968-2017) para nomear o vínculo entre a sensação de exaustão política (promovida por uma escatologia conformista) e a esterilidade cultural (gerando uma "estase", ou seja, uma paralisia estética) enquanto algo típico da era do capitalismo tardio (esse sistema de produção econômica e social da fase pós-fordista, predominante a partir do momento em que a prestação de serviços e o trabalho virtual passam a superar as manufaturas industriais). Tal expressão aparece no livro *Fantasmas da minha vida: escritos sobre depressão, assombrologia e futuros perdidos* (2014 [Inglaterra]/ 2022 [Brasil]) e é tributária, como tudo o que se faz central na obra de Fisher, daquilo que o crítico estadunidense, Fredric Jameson, chamou, em seu livro *Pós-modernismo: a lógica cultural do capitalismo tardio* (1996), de "modo nostalgia", assim designando as tendências estéticas emergentes a partir dos anos 1980; e, ainda, remontaria àquilo que o filósofo italiano Franco Berardi nomeou de "o lento cancelamento do futuro", ao considerar, no livro *Depois do futuro* (2019), um processo de desistoricização característico do mundo contemporâneo, emergente entre os anos 1970 e 1980. A nostalgia formal, neste início de século XXI, segundo Fisher, representaria a rentabilidade dos processos que tanto Jameson quanto Berardi descreveram para as últimas décadas do século XX. E postularia um bloqueamento de expectativas rupturistas, típicas dos modernismos de princípio do século passado, ao expor a atual "persistência absoluta das formas reconhecíveis", conforme sugere Fisher, ao considerar a produção cultural contemporânea, na realidade, a cultura da música pop britânica deste princípio de novo século. "Uma esmagadora sensação de finitude" (que ele nomeia "realismo capitalista") e "exaustão criativa" (também por Fischer denominada "nostalgia formal") estariam impedindo-nos de pensar, por um lado, alternativas para um mundo além das regras neoliberais do capitalismo tardio, e, por outro, obliterando o nosso imaginário mimético. A consequência, para o autor, seria a inviabilização de todo horizonte de expectativa estético que não for de natureza retrospectiva e anacrônica, assim incapaz de articular o presente deste começo de milênio com uma outra dimensão temporal que não seja meramente o passado revisitado e rapidamente comercializável.[1]

O que me parece relevante na crítica endereçada por Fisher à era da nostalgia formal estaria na percepção de que um

---

1 FISHER, Mark. *Fantasmas da minha vida*: escritos sobre depressão, assombrologia e futuros perdidos. Trad.: Guilherme Ziggy. São Paulo: Autonomia Literária, 2022. p. 25-26, 29.

padrão estético modernista – cuja definição poderia ser equivalente à expressão aporística que Octavio Paz denominou de "a tradição da ruptura"[2] – torna-se incompatível com a aceleração do tempo e dos imperativos mercadológicos que determinam as poéticas do mundo contemporâneo. Criar a novidade, pelo menos a novidade em estado de evento inusitado e singular, e não meramente sucessório, é uma tarefa que demanda tempo – e a temporalidade da criação disruptiva é incompatível com as demandas do mundo do trabalho artístico atual. Fisher percebe e formula com clareza essa natureza de incompatibilidade. Mas sua tese, quanto à hipótese do horizonte de futuro estético obliterado pelo campo de experiência da nostalgia formal, soa ortodoxa e tautológica demais, uma vez que o autor não se dispõe a interpelar outras poéticas do mundo contemporâneo que escapam à cultura pop musical inglesa.

Se abordarmos de perto alguns projetos estéticos da atualidade, como faremos adiante, poderemos perceber que, embora determinados por noções de finitude e exaustão típicas da era da nostalgia formal, também surge, junto a eles, um campo de poéticas vitalistas, quer dizer, repetições postuladoras de um regime de diferença combativa frente às escatologias políticas, às epistemologias utilitaristas e às paralisias estéticas típicas de nossa época.

---

2 PAZ, Octavio. La tradición de la ruptura. In: ______. *Los hijos del limo*: del romanticismo a la vanguardia. Barcelona: Seix Barral, 1990. p. 17.

Ao radicalizar em sua crítica, tornando-se ele próprio uma espécie trágica de arauto nostálgico do rupturismo de linhagem modernista, Fisher, ao que parece, estaria denegando o imperativo de um materialismo dialético de historicidade transversal, conforme Walter Benjamin propunha, na décima sétima tese,[3] como crítica necessária ao "tempo homogêneo e vazio do progresso"; ou pelo menos faz isso no que diz respeito a um apelativo rupturismo estético como alternativa à nostalgia formal e à deflação de expectativa de futuro características das poéticas do mundo contemporâneo.

Feita tal ponderação, portanto, quero aqui pensar a nostalgia formal (em diálogo com as crises de historicidade nas poéticas do mundo contemporâneo) *com* Mark Fisher e, também, *contra* Mark Fisher. A crítica à "estase" paralisante produzida pela era nostálgica, conforme o escritor britânico propõe, é algo que me parece altamente relevante dentro de um sistema cultural caracterizado pela hegemonia do capitalismo tardio, que agora legitima tudo o que é retrospectivo e torna a repetição incólume cada vez mais naturalizada, ao fazer dela o fundamento de um regime de cooptação burguesa dos meios de criação artística elaborados como forças antagonistas

---

3 BENJAMIN, Walter. Sobre o conceito da história. In: ______. *Magia e técnica, arte e política*: ensaios sobre literatura e história da cultura. Trad.: Sérgio Rouanet. São Paulo: Brasiliense, 2022. p. 251.

da modernização instrumental. Mas ver nesse sintoma estético somente a estagnação e a deflação da expectativa de futuro, e assim nele nada reconhecer de dinamismo vitalista e negativismo crítico norteadores de poéticas do mundo contemporâneo, como pretendeu Fisher, é generalizar a caminho de uma ortodoxia que, na verdade, levaria a um comodismo interpretativo; e, ainda por meio dessa mirada restritiva, ignoraríamos que os predicados e os índices de legibilidade poética nunca são constantes, inalteráveis, para sujeitos posicionados em distintas temporalidades e perspectivas históricas. Formalistas russos, por exemplo, fundamentavam tal questão há um século antes de nós, como é o caso de Viktor Chklóvski, autor cujo célebre artigo, nomeado "A arte como procedimento" (1917), antagonizava com seu predecessor do século XIX, o linguista pan-eslavista Alexander Potebnia, propondo, a despeito do seu interlocutor, que a invenção verbal, conforme viria a ser estabelecida pela metodologia formalista, consistia "muito mais na disposição das imagens do que em sua criação".[4]

(Daí por diante, poderíamos pensar um verdadeiro filão, ainda emergente na Rússia soviética dos anos 1920, composto pela teoria da montagem cinematográfica do

---

4 CHKLÓVSKI, Viktor. A arte como procedimento. In: TODOROV, Tzvetan. *Teoria da literatura*: textos dos formalistas russos. São Paulo: Editora Unesp, 2013. p. 85.

"Efeito Kuleshov"; e, mais próximo do mundo ocidental, nos anos 1920/1930, conforme a querela sub-reptícia elaborada por Jorge Luis Borges contra T. S. Eliot, e que se revela quando cotejamos os textos "Tradição e talento individual" (1919),[5] de um lado, e, de outro, "La Eternidad y T. S. Eliot" (1933)[6] ou "Kafka e seus precursores" (1951);[7] até chegarmos à elaboração final e incontornável do primado da mutação dos índices poéticos em função de suas variantes receptivas, tal como aconteceu na virada dos anos 1960 para os anos 1970, com a chamada "Estética da Recepção", emergindo da conferência apresentada por Hans R. Jauss[8] na Universidade de Konstanza, bem como da publicação do livro *Diferença e repetição*,[9] resultado da tese de doutorado de Gilles Deleuze defendida em 1968).

Pois bem, *com* Fisher e *contra* Fisher porque isso me parece inegociável: mesmo na era das poéticas da nostalgia formal, é possível encontrar ainda gestos vitalistas, quer

---

5 ELIOT, T. S. Tradição e talento individual. In: ______. *Ensaios*. Trad.: Ivan Junqueira. São Paulo: Art, 1989. p. 37-62.

6 BORGES, Jorge Luis. La Eternidad y T. S. Eliot. In: ______. *Textos recobrados (1931-1955)*. Buenos Aires: Emecé, 2007. p. 48-51.

7 BORGES, Jorge Luis. Kafka y sus precursores. In: ______. *Obras completas II*: 1952-1972. Buenos Aires: Emecé, 2010. p. 107-109.

8 JAUSS, Hans Robert. Estética de la recepción y comunicación literaria. Trad.: Beatriz Sarlo. *Punto de vista*, Buenos Aires, ano IV, n. 12, jul.-out. 1981.

9 DELEUZE, Gilles. *Diferença e repetição*. São Paulo: Paz e Terra, 2018.

dizer, dissociativos, assim como processos miméticos contestatórios da banalização das crises de historicidade – enfim, localizar, no campo artístico atual, formas estéticas alternativas que se dispõem a algo mais do que alimentar, via captura imediata, o sistema cultural do capitalismo tardio, engendrando expressões artísticas que, apesar da deflação de expectativas de futuro, típica de nossos dias, compõem uma crítica de cunho não essencialista frente ao regime de aceleração do tempo característico de nossa contemporaneidade. Em suma: o argumento de Fisher é razoável – como se sublinhava acima – quando nele se entende que o ritmo de legitimação da "estase" nostálgica é incompatível com os expedientes estéticos de uma arte pensada na época dos rupturismos modernistas. Mas há uma ausência de plausibilidade em tal argumentação quando ali se postula que a orientação estética do mundo contemporâneo só estaria na exaustão formal, afirmando-se que a arte destes tempos é marcada pela "persistência absoluta das formas reconhecíveis".

Prefiro não generalizar. E assim pretendo interpelar, nas páginas a seguir, a) alguns projetos literários da atualidade (Anne Carson, Djaimilia Pereira de Almeida, Ana Martins Marques, Tertuliana Lustosa, Amara Moira, Camila Sosa Villada, Gabriela Cabezón Cámara e Pablo Katchadjan); e b) mediá-los com as crises de historicidade do mundo contemporâneo. Ao fazer isso, estarei a todo tempo cuidando de discutir c) em que medida aquelas obras literárias, tanto quanto as proposições filosóficas e historiográficas (Koselleck, Gumbrecht, Vattimo, Latour, Agamben, Hartog, Haraway, Bourriaud e Perloff), embora se executem de uma perspectiva formal de futuro obliterado, ainda conseguem vincular o tempo presente da reflexão crítica da criação poética e da circulação artística a um imaginário criativo que tanto aponta para o passado quanto enseja um imaginário capaz de problematizar a relação do presente com o futuro – um futuro enquanto poética de reinvenção de sentido do passado e, concomitantemente, de produção do presente em relação de singularidade com outras temporalidades históricas que não mais sejam meramente futuristas ou passadistas, e sim simultaneístas.

As práticas de uma *nostalgia formal de caráter vitalista*, ao contrário de uma *nostalgia formal de natureza amofinada*, destinam-se a entretecer sensibilidades temporais expandidas e ateleológicas – sob um efeito monadológico, símile da síntese tempo-espacial que Walter Benjamin sugeria com a imagem transtemporalizada da mônada leibiniziana –, positivamente saturadas de tempos históricos. E, nesse sentido, as poéticas da nostalgia formal vitalista, tal como pretendo discorrer nestas páginas, encontrariam vias de escape em relação ao obtuso rupturismo progressivo por trás de "um tempo homogêneo e vazio", que tudo vem querendo sacrificar em busca da falsa novidade pela qual até mesmo uma crítica radical e pertinente, como é a de Fisher, parece ter se deixado seduzir na era do capitalismo tardio ao se fazer saudosista de um realismo mimético modernista (aquele que somente aceita como criticidade vigente, nos dias atuais, os rupturismos de um modernismo histórico, que atualmente já não mais pode existir de forma hegemônica entre nós). Assim, paralisado pelos imperativos de um projeto estético obsoleto, Fisher – mesmo bem intencionado em sua reivindicação de condições materiais para uma produção estética mais humana, menos mecânica, que escape à "estase" paralisante do tempo na era do capitalismo tardio – me parece inclinado a decretar o fim das possibilidades da arte contemporânea mediante o declínio da hegemonia de padrões estéticos modernistas.

DECRIAÇÃO

Avancemos daqui por diante considerando a proposta simultaneamente teórica e poética da obra *Decreation* (2005), tal como ela é apresentada segundo as múltiplas ações da canadense Anne Carson.[10]

Publicada a princípios deste novo século, *Decreation* põe em cena uma mixórdia de textualidades que se apresenta como uma coleção de poesia-ensaios-ópera introduzida por um conjunto de poemas sobre a mãe da poeta, seguido de um ensaio e uma ode ao sono; prossegue com um ensaio-rapsódia ocupado da primeva qualificação da sublimidade conforme o livro *Do sublime* (III a.C.), de Dionísio Longino, e, ainda, as repercussões desse mesmo conceito, o sublime, no processo cinematográfico de Antonioni (bem como, posteriormente, uma série de poemas inspirados na atriz Monica Vitti); avança por meio de uma reflexão sobre a pintura da canadense Betty Goodwin; apresenta um oratório, um breve texto em homenagem a Beckett, um roteiro sobre os amantes pré-modernos Abelardo e Heloísa, um ensaio sobre eclipses solares, outro ensaio sobre o êxtase, Deus e o que Carson nomeia "decriação" em Safo, Marguerite Porete e

---

10 CARSON, Anne. *Decreation*: poetry, essays, opera. New York: Vintage Books, 2006.

Simone Weil; e, finalmente, uma lista de filmagens para um documentário imaginado.

A proposta da "decriação" em Carson é inspirada na obra *O peso e a graça* (2020), da filósofa francesa Simone Weil;[11] e o neologismo, conforme palavras da própria Carson, desponta em Weil "sem definição exata nem grafia consistente", sugerindo um princípio de "Desfazer a criatura que há em nós". A finalidade da "decriação", assim, seria a aniquilação extática do Eu solipsista da modernidade a caminho de um substantivo coletivo, em cujo processo ocorreria uma sorte de desencarnação, quer dizer, um estímulo da impessoalidade radical. Enfim: uma transmutação capaz de nos remeter à totalidade da criação (que no vocabulário de Weil terá o nome conceitual de Deus) ao se ausentar da primeira pessoa inoportuna que nos impede de participar do ato de criação do mundo. Da perspectiva dessa transmutação do Eu no procedimento de decriação, o sujeito criador permanece, mas permanece sob a forma de dilema, enquanto contradição, sendo assim um ponto de chegada do pessoal a uma dimensão de coletividade, operando uma clivagem das formas de inscrição da identidade – sobretudo feminina, conforme sublinha Carson, ao entrecruzar Safo, Porete e Weil:

---

11 WEIL, Simone. *O peso e a graça*. Trad.: Leda Cartum. Belo Horizonte: Chão da Feira, 2020.

> como podemos encaixar essas ideias sombrias na brilhante afirmação do eu que é projeto de escrita compartilhado por todas elas, o projeto de contar ao mundo a verdade de Deus, o amor e a totalidade? A resposta é: não podemos. Não por acaso, Marguerite Porete chama seu livro de *Espelho*. Ser escritora é construir um grande, barulhento e cintilante centro para o "eu", a partir do qual a escrita ganha voz; e qualquer pretensão de estarmos decididas a dar voz à escrita há de nos envolver em alguns importantes gestos de subterfúgio e contradição.[12]

Se quisermos ser atuais na falibilidade dessa ética conceitual, indo além de Carson em sua leitura de Weil e Porete, quanto a tudo isso que implica a contradição do Eu-feminino enquanto subterfúgio para uma evasão do fechamento ontológico, desfazendo a insuficiente universalização-parcial da condição de mulher, para pensá-la, também, mediante um viés racializado, seria oportuno lembrar a perspectiva defendida pela escritora Djaimilia Pereira de Almeida.

Conforme os ensaios reunidos no livro *O que é ser uma escritora negra hoje, de acordo comigo* (2023), Djaimilia Pereira de Almeida apresenta uma definição de Eu-feminino da negritude enquanto horizonte recessivo de

---

12 CARSON, Anne. *Sobre aquilo em que eu mais penso*: ensaios. Org. e trad.: Sofia Nestrovski. São Paulo: Editora 34, 2023. p. 69.

produção – ou seja: um dialogismo poético capaz de compactuar com o silenciamento de outras mulheres negras que a precederam no tempo e que, no entanto, não tiveram meios sociais de textualizar suas vozes. Apesar de recessivo, o horizonte de produção coletivo, tal como defendido por Djaimilia, seria sempre presente; e, logo, postulador de futuros. Eis como a escritora trata de defini-lo em palavras próprias:

> O meu privilégio imerecido é ter nascido em 1982. (...) Fosse eu uma mulher negra da geração da minha avó, ou mesmo da geração da minha mãe, e o meu destino seria outro. (...) Houvesse eu nascido setenta, oitenta anos antes, talvez até apenas cinquenta, tivesse eu mesma a inclinação, e o meu destino seria, com sorte, a cozinha, a vassoura, a roça. O meu maior privilégio é este tempo, o meu. Nunca antes na história uma mulher como eu sou podia aspirar a um destino semelhante ao que vivo. Queria alguém saber do que pensava, ou imaginava, do que via ou sentia uma preta? (...)
>
> Falará a escritora negra por si ou pelos outros? Tem uma missão política além dos livros, ou é só senhora do que escreve? (...)
>
> Expandiram a questão da minha pele, não a guetizaram. Escancararam o segredo e devolveram-mo num ricochete doce e amargo. Lembraram-me de quem sou e deixaram em

> aberto quem sou como pergunta aberta aos outros.[13]

O privilégio desse devir-presentismo, enquanto tomada de consciência histórica de si em percepção que abre o eu a caminho do outro, conforme propõe a autora citada, tem algo de um *éthos* redentista, bem próximo do que emerge da notação messiânica benjaminiana para o chamado tempo-do-agora (*Jetztzeit*), ou seja, a historicidade para um "índice secreto" de mudez eloquente que nos "impele à redenção" das vozes "a que agora damos ouvidos".[14] Ou ainda, como formula Djaimilia, alertando que, embora fale em tom redentista, o que permanece, sob a sua condição de escritora inapelavelmente adjetivada de escritora negra, é uma forma de exclusão-includente:

> Se é um privilégio do nosso tempo a escritora negra poder ser escritora, só parcialmente ela foi, de facto, admitida nessa conversa. "Admitida" é exacto. A escritora escreve, mas importa mais quem ela é, o que nos faz sentir, o seu aspecto. (...) Só superficialmente o nosso tempo difere do tempo da minha avó. Por melhor que seja a nossa época, não tenho certeza de que haja muitos leitores interessados hoje no que

---

13 ALMEIDA, Djaimilia Pereira. *O que é ser uma escritora negra hoje, de acordo comigo*: dois ensaios e uma conversa. São Paulo: Todavia, 2023. p. 9-10, 26, 30.

14 BENJAMIN. Sobre o conceito da história, p. 242.

> escreve a escritora negra. Interessa a escritora negra como já interessou a canela, o abacate, (...), o açafrão das Índias, a canção de luta. O que ela escreve, como todos sabemos, aqui que ninguém nos ouve, interessa muito pouco.[15]

E mais adiante a autora arremata a questão:

> *Vejo meu projeto literário como parte de um projeto coletivo.* (...)
> Ser uma escritora negra do meu idioma, hoje, estar aqui e em lugares como este [Universidade de Nova York], falando para vocês, é me encontrar em uma posição de privilégio em comparação com gerações de escritoras da minha cor, do meu idioma, que nunca se encontraram em posição semelhante. Por um lado, sim, estou aqui, falando para vocês, e posso apenas falar por mim e a partir de minha visão de mundo. Mas, por outro lado, enquanto estiver aqui, diante de vocês, trago comigo a responsabilidade desse privilégio que assim foi dado a mim e negado a tantas. Não posso falar por elas. Mas, ao falar para vocês, falo com a consciência dessa responsabilidade. (...)
> A dimensão coletiva do meu projeto reside no fato de eu não estar sozinha e de haver uma dimensão coletiva no meu empenho: de maneiras variadas, sou parte de um coletivo de

---

15 ALMEIDA. *O que é ser uma escritora negra hoje, de acordo comigo*: dois ensaios e uma conversa, p. 28.

> pessoas que pela primeira vez está recebendo essa responsabilidade. Todos nós compartilhamos a responsabilidade de estar entre os primeiros da história que podem fazer isso em nosso idioma.[16]

A perspectiva do irredentismo da negritude feminina, em estado de escrita literária, frente à permanência da exclusão, conforme elabora Djaimilia, para mim, guarda algumas sincronias com aquilo que Carson, ao retomar Weil, entende ao falar que a "verdadeira miséria de sermos humanos é o começo de uma alegria dialética", em cujo pulsar saltaria a ideia da decriação sob uma forma de ausência, "uma ação que já está perpetuamente *aqui*". A decriação, nesse sentido de enfrentamento da permanência de exclusão, levaria a uma "zona de absoluto desafio espiritual", a partir da qual, segundo Carson, desfaríamos a criatura que há em nós – "a criatura contida no Eu e definida pelo Eu".[17]

Observadas desse ângulo, poderíamos entender a decriação, tanto quanto o irredentismo, como formas de combate à exclusão (uma racializada e a outra atenta apenas à questão de gênero) sob a forma de um derramamento da primeira pessoa autoral em direção a uma

---

16 ALMEIDA. *O que é ser uma escritora negra hoje, de acordo comigo*: dois ensaios e uma conversa, p. 68, 69, 70. Grifos no original.

17 CARSON. *Sobre aquilo em que eu mais penso*: ensaios, p. 79-80.

coletividade modal e reformuladora do processo criativo. Tais práticas, como tentarei deixar melhor entendido adiante, promovem uma superação do imperativo do gênio criativo da modernidade rupturista, ao estabelecer uma heterocronia extática característica da destemporalização.

É necessário, antes de chegarmos a tal questão, lembrar que, para Carson, a impessoalidade da decriação se daria com a noção do sublime, pois é por meio do desmesurado que a escritora vislumbra a remoção das fronteiras entre o sujeito e a imersão no real.[18] O sublime, que Carson por vezes associa à técnica documentarista da sua obra *Decreation*, é o "aglomerado de citações", é "a violência da sintaxe" de catalogação; é, enfim, o "derramamento para fora da moldura do contexto original" que "envolve um deslocamento e uma expansão do poder". "Sentir a alegria do Sublime é se encontrar, por um instante, dentro do poder criativo; é, ainda, tomar parte na sobrevida elétrica da invenção do artista; é derramar juntamente com ele".[19] Enquanto vertigem da sensibilidade do infinito, ou daquilo que, muito antes, o filósofo cético Anaximandro (610 a.C.) chamaria de *ápeiron*, um termo ancestral do

---

18 Ver: DISNEY, Dan. Sublime disembodiment? Self-as-Other in Anne Carson'a *Decreation*. *Orbis Litterarum*, v. 67, n. 1, p. 25-38, fev. 2012.

19 CARSON. *Sobre aquilo em que eu mais penso*: ensaios, p. 127, 128, 129.

sublime, essa magnitude que arrisca continuamente sair do controle, ameaçando qualquer forma estabelecida de enquadramento moldural, fechado em si mesmo, para um transenquadramento elipsoidal – inclusive em termos psicológicos quanto à forma tradicional de pessoalidade do Eu, pois interioriza a vertigem extática das grandes proporções instáveis, extravasando a própria interioridade do que é identitário –; e assim não mais cabendo dentro de si, até, por fim, nos impelir a um maravilhamento novamente voltado para o exterior, à maneira de uma ipseidade que não mais poderá ser apenas o mesmo (*Idem*), se quisermos aqui pensar conforme o léxico filosófico de Paul Ricoeur.[20] E nessa dialetização da interioridade do Eu e da exterioridade do sublime, restitui-se com a decriação uma mediação transidentitária, com inclinações para a hesitação e a dúvida, atributos capazes de incitar formas alternativas de imaginar e de confrontar o sujeito com o tempo e com o espaço no que diz respeito à sua relação com o outro.

Aquilo que Carson reivindica conceitualmente e, também, nos apresenta poeticamente com o procedimento da decriação é, portanto, uma descentralização e uma dispersão como modos de descoporificação altruísta do procedimento criativo. Nesse ato de decriação estaria

---

20 RICOEUR, Paul. *O si-mesmo como outro*. São Paulo: Martins Fontes, 2014.

uma tal sorte de imersão no real que nos levaria ao que Carson endossa em Weil, no sentido de vislumbrarmos "uma paisagem tal como ela é quando eu não estou lá". Essa dissolução da pessoalidade inverte a posição identitária determinante, conforme o paradigma iluminista do Eu moral, do imperativo da experiência do sublime magnitudinário, abrindo-se, pelo contrário, a outros territórios especulativos da individualidade em relação com o outro; e, desse modo, levaria a criatura da decriação a dissonâncias cognitivas no campo de uma substancialidade coletiva no processo de mediação do Eu-como-outro, disperso e apreensivo, mas não limitado por uma mente moralizante ou por uma concepção solipsista de gênio que teria deixado de entender o Eu também como estranhamento e caoticidade de si próprio. Em outras palavras: a decriação, na operação da poética e da conceitualidade elaboradas por Carson, poderia ser sintetizada por aquilo que é dito na introdução da canção "Crosseyed and Painless", dos Talking Heads, gravada no álbum *Remain in Light*, de 1980, quando David Byrne canta a seu modo tão característico a derruição de si: "Lost my shape (...)/ I'm changing my shape/ I feel like an accident" [Perdi minha forma (...)/ Estou mudando minha forma/ Eu me sinto como um acidente].

Entre as possíveis categorizações da modernidade, há uma mais precisa que a define como a época que não buscaria em outras épocas valores ou critérios para a sua autolegitimação no tempo presente. Primeiramente, o vocábulo *modernus* correspondeu ao sentido de limite de atualidade, ou seja, à consciência histórica da passagem do antigo para o novo. Secundariamente, *modernitas* designou um tempo intermediário capaz de delimitar a transição da temporalidade cristã da *media aetas* para os inícios do renascimento humanista, configurando-se, dessa maneira, a separação entre o mundo antigo e o tempo presente. E, finalmente, ouve o surgimento da *modernité*: neologismo francês cunhado por Chateaubriand e que, a partir de Baudelaire, viria a ter o sentido de um presente inacabado, ensejando uma época em clara oposição a si mesma.[21]

Retomando a última dessas acepções, Reinhart Koselleck[22] sugere uma leitura da modernidade enquanto *novo tempo* (ou *tempo moderno*), levando em consideração o deslocamento do horizonte de expectativa em relação ao espaço

---

21 JAUSS, Hans Robert. Tradição literária e consciência atual da modernidade. In: OLINTO, Heidrun Krieger (org.). *História da literatura*: as novas teorias alemãs. São Paulo: Ática, 1996. p. 47-100.

22 KOSELLECK, Reinhart. *Futuro pasado*: para una semántica de los tiempos históricos. Barcelona: Paidos, 1993.

de experiência decorrido no processo histórico. A diferença entre *experiência* e *expectativa*,[23] segundo o historiador alemão, tende a ser cada vez maior na modernidade. E teria isso implicado um ganho de consciência em torno da oposição entre determinado presente e épocas passadas, demarcando-se, gradualmente, a perspectiva de um futuro aberto: movimento rumo ao *progresso*, à aceleração dos acontecimentos históricos. É precisamente a esse processo que Koselleck denomina *temporalização*. O termo fala de um regime temporal marcado pela cronologia ascendente e de contínua dinamização da estruturação do

---

23 Koselleck designa a *experiência* como um "passado presente" cujos acontecimentos foram incorporados a partir de determinado contexto e podem ser retomados ao longo do proceso histórico. Fundem-se na *experiência* tanto a elaboração racional quanto os modos inconscientes de comportamento que não devem, ou não deveriam, estar presentes no campo dos saberes. E a *expectativa*, por sua vez, descreve aquilo que, apesar de ser impessoal, se liga às pessoas na medida em que se experiencia a vida prática em comunidade. A *expectativa* se efetiva na perspectiva do hoje; é um futuro feito presente, e aponta para o "ainda-não", para o não experimentado, enfim, para aquilo que só se poderá descubrir no tempo. Tais categorias, entretanto, não devem ser operadas separadamente. Assim como não há expectativa sem experiência, também não há experiência sem expectativa. Nesse sentido, o entrecruzamento delas constitui um esboço para a dimensão meta-histórica da condição de histórias possíveis, i.e., contingenciais. Daí não existir um enrijecimento entre as referidas categorias. Koselleck compreende a relação de ambas as instâncias apenas como uma fórmula subjetiva para a situação objetiva capaz de assimilar as impossibilidades de o futuro histórico derivar por completo do passado histórico. KOSELLECK. *Futuro pasado*: para una semántica de los tiempos históricos, p. 336-341.

tempo. A secularização dos eventos históricos, bem como a recusa das tradições, são ocorrências que teriam começado a delinear não apenas uma nova época, mas, principalmente, uma temporalidade completamente distinta em relação às anteriores. Trata-se, portanto, de uma concepção moderna de tempo histórico enquanto dinamização, ou seja, do encurtamento das dimensões interpostas entre campo de experiência e horizonte de expectativa. Formula-se, nesse sentido, a ideia de um presente inacabado, pois tal presente passaria a ser impreterivelmente considerado um instante transitório, concebido de modo que a *experiência*, em outras palavras, um passado ainda imediato, atual, esteja preparado para irrupção de um futuro iminente.

Diante dessas características, poderíamos pensar a modernidade então como a atualidade de uma época mais recente, tendo de reconstruir a ruptura com o passado como uma "renovação contínua". Autorreferencial em sua consciência histórica, a modernidade deseja ser uma época cuja nova temporalidade não mais estaria nos modelos de épocas passadas, de modo que passará a extrair de si mesma os critérios de orientação no presente e, ato seguido, a elaborar a sua própria normatividade.[24]

---

24 HABERMAS, Jürgen. *O discurso filosófico da modernidade*. São Paulo: Martins Fontes, 2002. p. 11.

Tal particularidade foi uma das perspectivas cruciais ao longo da formulação do pensamento oitocentista, a configurar o que chamamos de alta modernidade. E é dela que decorre a presença determinante da teleologia emblemática da época moderna; lembremos, nesse sentido, a *Historia Magistra Vitae*, conceito iluminista defendido pela tradição historiográfica da escola metódico-positivista e propulsor de uma ideia de futuro arquetípico e metafísico a ser perseguido pelo bem da humanidade (muitas vezes em detrimento da imanência do presente). A modernidade, por tudo isso, estabelece uma noção inegociável de progresso, reclamando, para tal finalidade, uma cronologização unilinear e, logo, uma aceleração do tempo-histórico com fins a alcançar a historicidade de um ininterrupto "por vir", cuja crítica somente seria formulada de forma decisiva a partir da negatividade veiculada pela falência do paradigma iluminista após a Primeira Guerra Mundial.

A contrapelo da *temporalização* e seu símile – o progresso de natureza positivista, que, conforme uma conhecida imagem de dicção benjaminiana,[25] paralisara as asas do anjo da história da era moderna –, a pós-modernidade aparenta reconfigurar a função cronotópica do ser da modernidade. Como seu preceito básico, já não mais encontraremos a historicidade diacrônica, pelo menos não aquela versão desencadeadora de uma visão nefasta do presente a ser superado. Muito pelo contrário, a historicidade, até bem pouco reivindicada pela linhagem tardia da nossa modernidade, é a da sincronicidade e do simultaneísmo.

Vejamos adiante como isso ocorre em um índice de exemplos representativos desse sintoma de época.

François Hartog, no livro *Regimes de historicidade: presentismo e experiências do tempo* (2013), defende que o século XX teria sido a época que, finalmente, alinhou futurismo e presentismo. Se nas primeiras décadas vivíamos um século mais futurista do que presentista, para Hartog, terminaríamos como experiência de uma era presentista. Isso quer dizer que "entramos em um tempo

25 BENJAMIN. Sobre o conceito da história, p. 256.

de supremacia do ponto de vista do presente".[26] E daí decorreria, por exemplo, perspectivas como a história-problema dos primeiros *Annales*, Marc Bloch e Lucien Febvre, convocando a comunidade historiográfica a um duplo movimento: do passado para o presente e, concomitantemente, do presente para o passado.

Não significa que o Ocidente estivesse inventando, na primeira metade do século XX, uma consciência intermediadora das temporalidades existentes em culturas muito anteriores à alta modernidade. Mas, dali por diante, uma sensibilidade histórica inusitada, definida por uma historicidade caracterizada pela ambivalência de temporalidades ao mesmo tempo retrospectivas e prospectivas, ganhava campo na disputa pela hegemonia historiográfica institucional e utilitarista, até pouco tempo determinada pela escola metódica, cuja defesa enceguecida pelo progresso terminava por ontologizar o passado como algo imutável e sem irradiações de natureza heterocrônica.

A contrapartida da supremacia presentista, segundo Hartog, seria a primazia simultaneísta, caracterizada pela predominância de um presente cada vez mais inchado, hipertrofiado, enfim, "um presentismo incapaz de transcender ao círculo do presente". Poderíamos pensar, de

---

26 HARTOG, François. *Regimes de historicidade*: presentismo e experiências do tempo. Trad.: Maria Helena Martins et al. Belo Horizonte: Autêntica, 2013. p. 142.

outro modo, que esse simultaneísmo, com suas perdas e ganhos, teria aberto espaços não obliterados pelo determinismo presentista, como o exemplo possível na historicidade benjaminiana, muito bem lembrada por Hartog, ao predicar, na primeira metade do século passado, a falência do historicismo fundamentado pela alta modernidade, ao se definir, em Walter Benjamin, a categoria do *Jetztzeit*, como se mencionou atrás, o "tempo-do-agora", uma percepção histórica que só nasce quando se opera propriamente uma conjunção fulgurante entre o passado e o presente, formando uma constelação.[27]

A estilização da historiografia benjaminiana, pautada pela imagem dialética das historicidades múltiplas, recorrendo a uma textualidade com características vanguardistas, quer dizer, procedendo via *collage* e via "iluminação profana" surrealista, tal como é conseguida na escrita do livro póstumo das *Passagens*, realizaria, por fim, uma rememoração ativa e de historicidade transversal, que tende a transformar tanto o monumento do passado quanto uma instância crítica do presente, evocada por Benjamin mediante as cintilações do que ele chamou de dialética em paralisação. E, dessa maneira, estariam abertas as possibilidades de um historicismo que passaria a orientar o pensamento da linhagem pós-moderna.

---

27 HARTOG. *Regimes de historicidade*: presentismo e experiências do tempo, p. 144-168.

O termo *pós-moderno* tem cunhagem nos anos 1950 pelo historiador britânico Arnold Joseph Toynbee.[28] Porém, veio a irradiar os debates sobre arte, cultura e sociedade somente durante a passagem entre os anos 1960 e 1970, ganhando relevância a partir da década de 1980. *Grosso modo*, esteve inicialmente acoplado à redefinição da situação sócio-histórica do pós-guerra, constituindo, assim, uma tentativa de abandono do pensamento instrumental com respeito a fins e que, sob uma perspectiva weberiana, visava instituir a modernização administrativa da vida prática.

Na década de 1970, por exemplo, apareceu o livro *A condição pós-moderna*, de Jean-François Lyotard, obra que faz com que esse conceito, que hoje preferimos entender por modernidade tardia, ou seja, o "pós-moderno", viesse a render uma formação discursiva nas humanidades. O significante *pós-moderno* descreve, em Lyotard, uma fase daquilo que ainda é vinculado ao moderno. Ganham vulto, no entanto, noções como a "morte dos centros" e, também, o declínio das "metas-narrativas", instâncias discursivas totalizadoras dos

---

28 Para uma exposição mais detalhada em torno das aparições e apropriações do termo *pós-moderno*, ver: COMPAGNON, Antoine. Exaustão: pós-moderno e palinódia. In: ______. *Os cinco paradoxos da modernidade*. Trad.: Cleonice P. B. Mourão; Consuelo F. Santiago; Eunice D. Galéry. Belo Horizonte: Editora UFMG, 1996. p. 103-124.

universais metafísicos fundados com a alta modernidade.[29] Trocando em miúdos, o crítico francês prescreve a desconstrução das categorias iluministas totalizadoras outrora predominantes sob as noções de racionalismo, positivismo e progresso oitocentistas, abrindo um campo conceitual para as definições de uma condição de modernidade tardia.

Enquanto pensamento crítico que pretendeu semear diretrizes discursivas no terreno de nossa contemporaneidade, a chamada pós-modernidade, via de regra, tem sido associada a uma postura cínica diante da identidade histórica adotada na Europa Ocidental e redistribuída com força desproporcional a outros mundos a partir do século XIX. Dessa perspectiva, a pós-modernidade levaria a uma resignação em detrimento da autoincumbência modernista de contínua renovação do presente e postulação de futuros. A todo tempo parece autoprescrever a desconjunção a propósito daquilo tudo que fez da modernidade um movimento temporal cujo ápice resultou ser a experiência da aceleração impulsionada pelo consenso de emancipação. Desabilitaria, portanto, aquela tendência que, como víamos, buscou fazer da modernidade a consciência de um presente experimentado como ponto de inclinação e transição, prescrevendo a sua própria transposição no tempo.

---

29 Ver: LYOTARD, Jean-François. *A condição pós-moderna*. Rio de Janeiro: José Olympio, 2002.

É em razão disso que a pós-modernidade (embora não seja uma enunciação discursiva monolítica) veio sendo assimilada à superação da modernidade, tendo por zênite, no início do século XX, o modernismo europeu. Tal característica parece implicar, em última instância, que a pós-modernidade seja apenas mais uma das tantas consequências da obsessão por inovação, legado da *temporalização* cujo *modus operandi* confirma o cronotopo instituído pela alta modernidade. A lógica ou a tradição da ruptura, de tal maneira, permanece na vertente do pensamento crítico vinculado à modernidade tardia.

Apesar disso, pelo menos durante as três últimas décadas, tornou-se cada vez mais insurgente um exercício crítico cuja tarefa consiste em ponderar a respeito da noção de ruptura mecanicista, de superação implicada no uso do conceito. A propensão, nesse sentido, é recusar uma eventual leitura míope do "pós-", que acabaria por reduzi-lo à ideia de suplantação diacrônica. Assim, cristaliza-se uma tentativa de contenção da noção de progresso, da *temporalização* eminentemente moderna. E surge dessas leituras críticas, que veremos a seguir, a simultaneidade de temporalidades, articulando-as sob a noção de sincronismo entre acontecimentos emergentes em um dado presente – e, por isso mesmo, habilitadas a operar no limiar dos fenômenos socioculturais com os quais devemos lidar a partir de ressignificações (sobretudo midiáticas) no âmbito da contemporaneidade de nossas formas de vida cotidiana...

Escrito sob a forma de uma série de partes que teriam a aparência de fragmentos eliotianos, *Decreation* é uma obra que incita, por sua forma-derramamento, a desestabilização de qualquer obliteração imaginativa; não é apenas uma composição caótica – é também uma obra transfigurativa, capaz de colocar em contato temporalidades e estilizações literárias díspares ao operar uma estética relacional bastante ousada em sua sinergia de destemporalização poética.

Algo muito próximo dessa caoticidade criativa, acerca da transfiguração do eu da criação, conforme especulávamos em torno da decriação em Carson, teria ressonâncias também na textualidade da obra mais recente de Ana Martins Marques, *De uma a outra ilha* (2023). O motivo estruturante desse longo poema está no entrecruzamento de historicidades quanto ao lócus islenho antigamente habitado por Safo, a primeira poeta lírica mulher de que se teve notícias no Ocidente, e, atualmente, uma região convertida em porta de entrada na Europa para as populações migrantes oriundas de países árabes ou latitudes africanas. O que distingue o poema atual, em relação às produções precedentes de Ana Martins Marques, é a transição de um registro lírico de natureza prosaico-solipsista, marcante de toda a sua poesia anterior, para um campo gregário de afetos políticos enquanto caracterização da tragédia social do mundo neste começo de milênio.

A autora lança mão de estratégias rupturistas características do primeiro romantismo alemão e, sobretudo, das vanguardas históricas, usando para isso os recursos do fragmento e da *collage*. E assim faz com que a textualidade do poema se expanda mediante pelo menos quatro tonalidades ou estilizações: *um regime elegíaco* – destinado à falência do humanismo ocidental e exemplificado pela condição de vida migrante nos acampamentos europeus –; *um regime prosaico* – reservado para a interlocução textual composta pelo diálogo sub-reptício com a pessoa que, na correspondência epistolar do e-mail, recomenda a visitação à floresta petrificada da ilha onde viveu a poeta Safo –; *uma pseudo-lírica* – empregado na intertextualidade enquanto se comenta Safo via Anne Carson, em especial pelo espelho do livro *Eros: o doce-amargo*,[30] e os fragmentos da poeta clássica que chegaram até nós –; *a paráfrase jornalística* – reservada para a depuração da pesquisa de Ana Martins Marques quanto aos dados da migração e, ainda, o comentário das descobertas mais recentes relacionadas à documentação histórica da obra de Safo.

---

30 CARSON, Anne. *Eros*: o doce-amargo. Um ensaio. Trad.: Julia Raiz. Rio de Janeiro: Bazar do Tempo, 2022.

Diante de tais características, interessa ressaltar, para o caso da poética do livro *De uma a outra ilha*, bem como de suas possíveis articulações com a obra de Carson e Safo, que ali se estabelece uma noção do escrever em estado de convivência com a perda, se quisermos, de criação em estado de decriação, ou, ainda, de efemerização da eternidade. Isso se apresenta por meio do recurso à fragmentação. Como se sabe, o fragmento, enquanto gênero poético, somente se torna uma condição intrínseca da composição de uma obra literária a partir do primeiro romantismo alemão,[31] mais especificamente mediante aquilo que Novalis veio a publicar no número inaugural da revista *Athenaeum*, em 1798, sob o título de "Fragmentos de pólen".[32] Antes disso, e em especial no mundo clássico de que provêm Safo, o Belo, enquanto categoria definida por Aristóteles em seu livro *Poética*, é igual à totalidade – e o *todo*, para o estagirita, é aquilo que necessariamente tem *início, meio* e *fim*.[33] Desse modo, antes da virada mimética moderna, o fragmentário jamais poderia ser validado como procedimento poético, e sim apenas como ação da intempérie artística ou degenerações estilísticas.

---

31 Ver: SCHEEL, Márcio. *Poética do romantismo*: Novalis e o fragmento literário. São Paulo: Editora Unesp, 2010.

32 NOVALIS. *Pólen*: fragmentos, diálogos, monólogo. Trad., notas e apresentação: Rubens Rodrigues T. Filho. São Paulo: Iluminuras, 2009.

33 ARISTÓTELES. *Poética*. Trad.: Paulo Pinheiros. Ed. bilíngue. São Paulo: Editora 34, 2017. p. 91.

Lidando com as possibilidades que emergem da inflexão romântica, Ana Martins Marques tematiza e, na dimensão da textualidade, performatiza a noção de perda como *télos* antiteleológico da forma conseguida, cabe dizer, da ruína como dilema do estado de edificação:

> Seus poemas nos chegaram/ em pedaços/ quebrados como vasos de cerâmica/ ou conchas espatifadas na praia/ palavras como ilhas/ cercadas de silêncio/ por todos os lados
> (...)
> Toda a música de Safo/ se perdeu.
> (...)
> O trabalho dos séculos:/ depositar camadas de coisas/ sobre a terra/ e depois fazer delas/ de novo terra/ (...)/ O trabalho dos séculos:/ guardar contra si mesmo/ contra seu próprio apetite/ restos de edificações/ esqueletos de pássaros/ inventários de barcos/ (...)/ depois destruir/ de novo/ tudo.[34]

A maior parte dos procedimentos poéticos de que lança mão Ana Martins Marques na obra citada, como dissemos, precede o livro *De uma a outra ilha*. Isso vale também para Carson, com quem a escritora brasileira dialoga no seu livro. Mas ambas estão longe de se encerrar no círculo da nostalgia formal que Fisher definiria como a "persistência

---

34 MARQUES, Ana Martins. *De uma ilha a outra*. São Paulo: Círculo de Poemas, 2023. p. 8, 14, 24.

absoluta das formas reconhecíveis". Em Marques há uma historicidade fundamentada e, também, uma atualização da noção de mimesis, entendendo-se o fragmento como um dispositivo de recepção moderna do legado clássico, e, ainda, reformulador, na esteira do romantismo alemão, do princípio aristotélico de beleza e de totalidade: "afastar a beleza/como se afasta uma mosca/abanando as mãos/e ver/de fato ver/a montanha de coletes/salva-vidas/ela mesma uma ilha/cercada de ilha/por todos os lados".[35]

Tanto o sublime quanto o fragmentário são depurados em *De uma a outra ilha*, a ponto de o prosaico fazer-se mais interessante que o inaudito e, por sua vez, a parte tornar-se mais complexa que o todo (ao modo dos números infinitesimais, que complexificam e expandem a realidade mesmo sem dela efetivamente fazerem parte). Isso é conseguido ao se sobrepor – para além das intertextualidades com a obra de Safo (*Fragmentos*), Paul Valéry (*Cemitério marinho*), T. S. Eliot (*A terra devastada*) e Carson (*Eros: o doce-amargo*) – o lirismo e o sublime classicistas com as dimensões necropolíticas e ou grotescas do mundo presente, misturando os idílios da ilha de Lesbos e a falibilidade da humanidade atual.

A todo tempo, em especial quando se fala da condição dos migrantes alojados nos acampamentos em que são

---

35 MARQUES. *De uma ilha a outra*, p. 51.

confinados ao chegarem em território europeu, Marques elabora imagens eloquentes de uma síntese acerca da perda da condição material de vida digna na era do capitalismo tardio, ora formulando aporias entre estruturas de afetos e o campo das materialidades – "Uma coisa é incendiar-se o coração/outra coisa, incendiarem-se os sapatos" –, ora expondo a dialética benjaminiana da monumentalização da cultura enquanto, também, monumento de barbárie, por exemplo: "colocar sobre uma mesma mesa/uma lira e um colete salva-vidas". E por fim: a imagem-testemunho daquilo que, na heterotopia do desterro, ao ser edificado como obra de hospitalidade, acaba fundamentando-se em máquina de hostilidade endereçada a "alguém que busca pátria/e encontra acampamento":[36]

> Ali Zaid, 23 anos, iraquiano da Babilônia,/ vive já há cinco meses/no acampamento improvisado./ Ele deixou o Iraque/ para fugir do Estado Islâmico/ depois que seu irmão foi morto. Mesmo tendo vivido a guerra, Samir Alhabr,/ engenheiro iraquiano de 26 anos,/ descreveu o acampamento improvisado como/ *um lugar muito perigoso.*/ Alhabr, que viu os militantes do Estado Islâmico/ executarem seu pai e seu irmão/ e testemunhou muitas outras mortes no Iraque,/ disse: *Este lugar não é bom.*[37]

---

36 MARQUES. *De uma ilha a outra*, p. 18, 28, 29.

37 MARQUES. *De uma ilha a outra*. p. 19. Grifos meus.

"*Eros*, diz Anne Carson" – lembrada por Ana Martins Marques – "*tem a ver com fronteira*". Eis um sentido possível para o erotismo requerido em *De uma a outra ilha*: não consubstancializa apenas um deleite corporal, mas, também, uma permeabilidade trans/espacial, trans/linguística e, sobretudo, trans/poética (no sentido da decriação). Uma ilha se sobrepõe a outra ilha como uma língua a outra língua, assim como um corpo a outro corpo, enfim, um eu a outros eus, a mesmidade a diferenças, formando um estranho arquipélago de planetariedade fragmentada e múltiplas historicidades. Em vez de um cancelamento do futuro, portanto, um futuro a ser reformulado pela aventura da imaginação presente frente àquilo que existe justamente por ser falível, por ter a permanência fantasmagórica das coisas que desaparecem, incitando um modo realista de enfrentar o horizonte bloqueado pelo horror do presente que tudo tende a moer na pedra do tempo:

> Aconteceu de as coisas se destruírem/ mas que algo delas não se destruísse./ Aconteceu de os lugares se espatifarem contra o tempo/ mas que algo deles perseverasse no tempo./ (...)/ Aconteceu com o que mais se amou/ e com o que menos se amou/ e com o mais útil e com o inútil/ e com uma árvore e com um camundongo e com um coral/ e com uma pedra e com um pneu e com um poema.[38]

---

38 MARQUES. *De uma ilha a outra*, p. 33.

DESTEMPORALIZAÇÃO | MODERNIDADE TARDIA & PÓS-PRODUÇÃO

Uma das proposições significativas da linhagem referida anteriormente, ou seja, considerando-se uma forma de pensamento alternativa à temporalização da alta modernidade, encontra-se na perspectiva de Gumbrecht,[39] precisamente quando esse autor sugere a noção de *destemporalização*. Para o crítico alemão, o que vem ocorrendo nos últimos tempos é, na verdade, uma dilatação do presente, em suma, a cristalização de um ponto de convergência entre um passado que não nos sentimos dispostos a abandonar e um futuro no qual não queremos ingressar. Daí resultaria, segundo o autor, que a inovação dos hábitos e formas de comportamento não é mais uma obrigação necessária. Consequentemente, o tempo deixa de ser um agente absoluto de mudança e transformação, a ponto de recusarmos a vivenciar o futuro como algo aberto. Para Gumbrecht, portanto, a pós-modernidade – ou isto que, aqui, optamos por tratar de modernidade tardia – é aquilo que desfaz, neutraliza e, ainda, transforma os efeitos acumulados através de "cascatas de modernidade" acerca daquilo que viemos experimentando desde o século XV.

---

39 GUMBRECHT, Hans Ulrich. *Modernização dos sentidos*. Rio de Janeiro: Editora 34, 1998. p. 285.

Com suas particularidades, essa linhagem de pensamento pretende abalar a investida metafísica do historicismo ora afirmado através da perspectiva do progresso sintomático da alta modernidade: seja com o Iluminismo, seja, posteriormente, com o Positivismo, enfim, toda sorte de proposições cuja síntese possível está no conceito hegeliano de Filosofia da História, característica determinante para interpelar o pensamento do período em questão; ou mesmo na teleologia emancipatória do materialismo histórico de Marx.

Por sua vez, Gianni Vattimo[40] fala da dissolução da noção de "história universal" como aquilo que efetivamente nos mostrou a *universalidade da história*. Em outras palavras: a multiplicação dos centros discursivos, opções políticas etc. O oxímoro na expressão do filósofo italiano atenta para o fato de como nossa contemporaneidade é nivelada pela ideia de simultaneidade. Sai de cena, portanto, o *éthos* da alta modernidade: o valor do novo, quer dizer, a redução do "ser moderno" a uma origem *ex machina*. Para Vattimo, vivemos "uma crise de futuro", pois, agora, aflora-se o problema do tempo e dos modos peculiares de vivenciar a temporalidade fora da sua linearidade pretendidamente natural.[41]

---

40 VATTIMO, Gianni. *O fim da modernidade*: niilismo e hermenêutica na cultura pós-moderna. São Paulo: Martins Fontes, 2002. p. XVI.

41 VATTIMO. *O fim da modernidade*: niilismo e hermenêutica na cultura pós-moderna, p. 116.

Com a “pós-historicização”, o pensamento crítico deve residir, ainda segundo Vattimo,[42] na tarefa ontológica de um “pensamento fraco”, uma “debilidade do ser”, ou seja, algo “não mais orientado com base na origem ou no fundamento [o nómos identitário da exclusão], mas na proximidade [o antinómos da diferença inclusiva]”. E seu caminho será o “de uma aceitação-convalescença-distorção, que nada mais teria do ultrapassamento crítico característico da modernidade”, arremata o filósofo italiano.

A ideia de simultaneidade, enfim, de uma historicidade sincrônica é algo tão reivindicado e determinante na nossa contemporaneidade que suas características aparecem até mesmo em autores críticos da perspectiva predicante de uma “ontologia fraca”. Isso acontece, por exemplo, a propósito daquilo que lemos nas páginas de *Jamais fomos modernos*, livro de Bruno Latour. A premissa do pensador francês é a seguinte: “o pós-moderno é um sintoma, e não uma solução”.[43] Vale dizer: não deve premeditar uma verdade fraca que, entre outras coisas, leva à dispersão, à impotência e ao anacronismo. Latour evoca, para tanto, uma “emenda” naquilo que ele chama de a *Constituição* moderna, a fim de reatar, de forma uniforme, o problema

---

42 VATTIMO. *O fim da modernidade*: niilismo e hermenêutica na cultura pós-moderna, p. 169-190.

43 LATOUR, Bruno. *Jamais fomos modernos*. Rio de Janeiro: Editora 34, 1994. p. 73.

da representação, algo que, conforme o autor, havia sido "dividido equivocadamente" em dois ramos irreconciliáveis; e, dessa forma, epistemes binaristas (ou aquilo que Deleuze denominou de filosofia do "nómos sedentário") estariam impedindo uma organização holística do pensamento crítico.[44] Com tal argumentação, Latour apontou uma falta de habilidade na crítica contemporânea para manusear dialeticamente o que chamou de "nó górdio" atado desde que a alta modernidade se constituiu enquanto tal. Nesse sentido, problematiza-se na abordagem do francês uma sorte de incompreensibilidade nos trabalhos de maior destaque acadêmico nas décadas de 1970 e 1980, em razão de tais produções terem sido recorrentemente recortadas em três categorias usuais, ora dizendo respeito à natureza, ora à política, ou ora ao discurso, jamais entretecidos e dialogantes.[45] E decorreria daí "a crise da crítica", cujos repertórios distintos foram desenvolvidos a partir da tripartição, especializada e restritiva, com relação à naturalização (Changeux), à socialização (Bourdieu) e à desconstrução (Derrida).

Por tudo isso, segundo Latour, as abordagens dos epistemólogos, dos sociólogos e dos desconstrutivistas são mantidas sempre a uma distância conveniente, alimentando as suas análises com as fraquezas das outras duas

---

44 LATOUR. *Jamais fomos modernos,* p. 141.

45 LATOUR. *Jamais fomos modernos,* p. 9.

demais, como num ciclo cético sem fim. A resolução ensejaria, aos olhos do autor francês, uma conjectura retrospectiva – sempre dada via conjugação pretérita do tempo presente –, a fim de afirmar que "nunca entramos na época moderna". Para Latour, essa reformulação seria enfim uma postura que "desdobra ao invés de desvelar, que acrescenta ao invés de amputar, que confraterniza ao invés de denunciar", algo característico do "não moderno (ou amoderno)".[46]

Apresentando-se como forma de desvio da solução meta-histórica estipulada pela alta modernidade, a proposição de Latour, dessa forma, constitui-se a partir da compreensão do "início do tempo que passa", mensurando "o fim do passado ultrapassado"; e, finalmente, ponderaria acerca da "seleção e tempos múltiplos" na dita *Constituição* do *não moderno*.[47] O *não moderno* é, portanto, aquele capaz de agir na simultaneidade, tanto como capaz de operar criticamente ao levar em conta a *Constituição* dos modernos e, ao mesmo tempo, os agenciamentos híbridos negados pela referida *Constituição*.

Donna J. Haraway, mais recentemente, parece ser quem melhor tem desenvolvido a perspectiva provocada pela abordagem de Latour. Na obra *Ficar com o problema:*

---

46 LATOUR. *Jamais fomos modernos*, p. 51.

47 LATOUR. *Jamais fomos modernos*, p. 66, 71, 73.

fazer parentes no Chthuluceno (2023), por exemplo, a canadense, fundando um vocabulário conceitual singular, propõe uma ressignificação das exclusões produzidas pela episteme da alta modernidade e reivindica o que chamará de nova síntese. Trata-se de uma "convergência intelectual, cultural e técnica", destinada ao desenvolvimento de novos sistemas-modelos, novas práticas experimentais, pesquisas colaborativas e instrumentos explicativos.[48] Haraway sugere, para tais fins, pelo menos duas agendas de cunho conceitual e prático. A primeira seria o aprendizado do Chthluceno, quer dizer, a interpretação e definição de uma época cuja mimesis e paradigmas seriam pós-catastrofistas (diferindo-se das mimesis e dos paradigmas catastrofistas do Capitaloceno, que a autora reconhece nas práticas do capitalismo do período do Antropoceno). E a segunda seria a práxis de uma Simpoiese (termo que, originalmente, despontara, por volta de 1800, com os primeiros românticos, ao se cogitar um projeto de escrita coletiva entre os membros da revista *Athenaeum*, precedência que Haraway parece ignorar quando atribui a originalidade do termo *Simpoiese* a Dempster, um biológo cuja obra se publica em 1998).[49] Com a Simpoiese, portanto,

---

48 HARAWAY, Donna J. *Ficar com o problema*: fazer parentes no Chthuluceno. Trad.: Ana Luiza Braga. São Paulo: n-1 edições, 2023. p. 126.

49 HARAWAY. *Ficar com o problema*: fazer parentes no Chthuluceno, p. 67.

superaríamos os sistemas autônomos de autopoiese, adentrando uma era de cooperação, de metabolismos e coproduções. E com isso, finalmente, teríamos meios para estabelecer um pacto de "res-ponsabilidade" interespecista, buscando práticas composicionais e processos miméticos capazes de construir novos coletivos eficazes, algo que nos habilitaria a contar, de maneira eficaz e, ainda, de uma perspectiva ecocrítica, o que Latour chamou de "Histórias de Gaia".[50]

A pesquisadora canadense, além das teorizações, apresenta quatro eloquentes estudos de caso: 1) o projeto *Crochet Coral Reef*, desenvolvido em Los Angeles pelo Institute for Figuring; 2) o Ako Project, uma série de livros infantojuvenis sobre história natural, escritos em malgaxe e inglês, realizado na república de Madagascar mediante o trabalho coletivo de cientistas e artistas de vários países; 3) o videogame *Never Alone*, centrado nas práticas de criação de histórias oriundas do conselho Cook Inlet Tribal do Círculo Polar Ártico; 4) as práticas da Fundação Black Mesa Trust e da Black Mesa Indigenous Support, localizadas nas terras dos povos Navajo e Hopi, nos limites do estado do Arizona. É por meio da consideração detalhada desses estudos de caso que Haraway fundamenta o conceito de uma práxis por síntese estendida:

---

50 HARAWAY. *Ficar com o problema*: fazer parentes no Chthuluceno, p. 69-86.

um conjunto de práticas e pensamentos articulados em redes ecológicas e oriundos de relações pós-humanas, não especistas, assim capazes de produzir outros enunciados frente ao paradigma da síntese moderna. *Grosso modo*, a práxis da síntese expandida criaria uma planetariedade conjunta, em companhia, desdobrando a síntese moderna em uma síntese interespecista, e, portanto, criando e nos recriando "um com os outros, em devir-com recíproco", nas palavras de Haraway.[51] A práxis de síntese estendida, obviamente, é ainda insuficiente para mudar o sistema-mundo do Capitaloceno, mas os resultados que dali têm emergido são o bastante para já nos fazer acreditar que, de modo prático e efetivo, podemos conviver, em escala planetária, sem autodepredação e degradações graduais, como a obra de Ailton Krenak, por exemplo, vem propondo a partir de uma perspectiva dos povos originários em latitudes ameríndias.

Também mais recentemente, Giorgio Agamben formulou em *O que é o contemporâneo?* uma crítica similar à proposição relacional que caracteriza as hipóteses precedentes no que diz respeito à tese da sincronicidade e do simultaneísmo típicos da modernidade tardia.[52] O autor italiano

---

51 HARAWAY. *Ficar com o problema*: fazer parentes no Chthuluceno, p. 71, 123-126.

52 AGAMBEN, Giorgio. *O que é o contemporâneo?* E outros ensaios. Trad.: Vinícius N. Honesko. Chapecó: Argos, 2009. p. 58.

remonta a Nietzsche de *O nascimento da tragédia*, obra responsável por uma das primeiras críticas ao historicismo iluminista ao alertar sobre o risco de estarmos sendo devorados por nossa "febre histórica" oitocentista. O negativismo do filósofo alemão, conforme a leitura de Agamben, solicita uma modernidade que seja não meramente uma ruptura diacrônica positivista, mas, antes, uma "atualidade" histórica sinergética capaz de se correlacionar com o passado, presente e futuro mediante uma desconexão e uma dissociação que gerariam uma autêntica contemporaneidade. E essa relação de legitimação sincrônica com as temporalidades seria uma não coincidência plena com o tempo cronológico, isto é, uma alternativa temporal, mais inclinada pelas historicidades do *aion* ou do *kairós*, regimes temporais capazes de gerar um deslocamento e um anacronismo produtivos, percebendo e apreendendo uma estruturação de discronia, que é a característica mais autêntica daquele que é contemporâneo.

A contemporaneidade, por tudo isso, dependeria, segundo Agamben,[53] de uma relação de singularidade entre o tempo de nossa época e de outras épocas, enfim, de uma forma simultânea de distância e acercamento mediante uma dissociação e uma rememoração heterocrônica, procedimentos capazes de colocar em relação de

---

53 AGAMBEN. *O que é o contemporâneo?* E outros ensaios, p. 60-70.

contiguidade aquilo que o tempo cronotópico e cronológico inexoravelmente divide e, por fim, declara morto. E já assim poderíamos voltar a um presente em que jamais estivemos e, paradoxalmente, de onde emergimos.

Dessa maneira, tanto Agamben quanto Latour descrevem e defendem um exercício de reconfiguração – e às vezes até mesmo de aniquilamento – do cronótopo da modernidade, tal qual víamos em Gumbrecht e Vattimo.

*

E agora: do ponto de vista dos regimes estéticos da contemporaneidade, isto é, da perspectiva de uma poética da nossa modernidade tardia, o que, conforme discutimos acima, esse espírito crítico e antagonista da temporalização implicaria no campo da produção artística da atualidade?

*

Talvez esteja em Nicolas Bourriaud uma das principais tentativas de teorizações para a questão. O autor francês começa a definir a partir de meados dos anos 1990 a produção artística do mundo do capitalismo tardio enquanto "pós-produção",[54] sublinhando a tendência atual

---

54 BOURRIAUD, Nicolas. *Pós-produção*: como a arte reprograma o mundo contemporâneo. Trad.: Denise Bottmann. São Paulo: Martins Fontes, 2009.

de obras que não se valem mais do conceito de "gênio" – e, por isso, estariam se desacoplando da noção romântica de criações originais. Desse modo, a arte da era da pós-produção, segundo qualificação de Bourriaud, traria consigo construtos revitalizadores de obras anteriores ou mesmo de objetos pré-existentes a partir de noções como as de apropriação e deslocamento.

Por exemplo, em *Estética relacional* (2009), Bourriaud defendeu o argumento de que a produção artística estaria vivenciando a historicidade de uma estética relacional cujo princípio organizador seria a convivência e a interação das manifestações artísticas. Ou seja: a estética chamada de relacional estaria orientada por um trabalho de sensibilidade coletiva, de modo a estabelecer outras formas de práticas artísticas e que aqui poderíamos entender como algo próximo daquilo que também pelo mesmo período Jacques Rancière definiria com "partilha do sensível", tratando de quebrar as divisões platônicas e aristotélicas que ainda orientaram as vanguardas históricas e impediam a constituição de um campo de trocas poéticas e de alteridades sociais.[55]

O procedimento da "estética relacional" não mais teria como motor a temporalização da arte modernista – vale

---

55 RANCIÈRE, Jacques. *A partilha do sensível*: estética e política. Trad.: Mônica Costa Netto. São Paulo: Editora 34, 2005.

dizer, a construção do espaço de experiência para a passagem do horizonte de expectativas. Não mais um espaço-tempo (à maneira do cronótopo da modernidade) a ser percorrido metafisicamente, e sim uma duração latente a ser experimentada enquanto campo de imanência. E dentro desse campo de imanência da arte contemporânea, a suplementar a metafísica da progressão gradual do campo artístico modernista, a estrutura de composição relacional, na era da pós-produção, segundo Bourriaud, não seria meramente um *revival* de movimentos artísticos anteriores.[56] Muito pelo contrário, a arte relacional, na teorização do autor francês, seria uma interpelação das potencialidades de resistência das práticas artísticas no interior do campo social global mediante práticas que visam reprogramar obras já existentes, reocupar estilos e formas reduzidos à obsolescência pela teleologia etapista da tradição da ruptura; e, com isso, dinamizar a sociedade com modos alternativos de recepção e validação de signos e sintaxes contemporâneas.

O agente da arte relacional, característica do mundo pós-produção, conforme descrito por Bourriaud, seria o chamado "artista radicante", agente responsável pelo que o autor qualifica como "altermodernidade". O termo *radicante* é apropriado do campo da biologia – e significa um

56 BOURRIAUD, Nicolas. *Estética relacional*. Trad.: Denise Bottmann. São Paulo: Martins Fontes, 2009. p. 25-29.

tipo de vida vegetal que (ao modo da desterritorização e do nomadismo do rizoma,[57] conforme as definições de Deleuze e Guatarri no início dos anos 1980) possui inúmeras raízes e, portanto, seria capaz de se reproduzir sempre que replantada em um solo estranho. Basicamente, o "artista radicante", para Bourriaud, é aquele sujeito aberto a trocas intensificadas na espacialidade dos entrelugares e das migrações, revelando-se um sujeito hábil nos procedimentos de trocas interculturais e experimentações transidentitárias. Desse regime de negociações radicantes, emergiria a "altermodernidade", pensada como uma lógica de "alteridades possíveis" na produção do cotidiano vivido não mais como expectativa da obra de arte total, e sim como "realismo operatório" voltado para uma utopia cotidiana e flexível na arte da pós-produção, reinventando relações alternativas com o mundo planetarizado, conforme é característico da atual porosidade de fronteiras entre os estados nacionais, as migrações, o turismo das residências artísticas e os fluxos variados dos valores econômicos do capital especulativo e as outras formas de errâncias contemporâneas.[58]

---

57 DELEUZE, Gilles; GUATTARI, Félix. *Mil platôs*: capitalismo e esquizofrenia. Trad.: Aurélio G. Neto; Celia P. Costa. São Paulo: Editora 34, 1995. v. 1.

58 BOURRIAUD. *Estética relacional*; BOURRIAUD. *Pós-produção*: como a arte reprograma o mundo contemporâneo.

AUTOPSIA ESPIRITUAL, ARTE-ESCAVAÇÃO, TEXTO-TRANSIÇÃO, NENADAS & OUTRAS RESSEMANTIZAÇÕES TRANSGÊNERO + *QUEER*

A nostalgia formal, tal como estamos tentando defini-la, ou seja, sob um estado de vitalismo estético posterior aos modernismos de começo do século passado, poderia ser ainda amplificada pela obra *Manifesto traveco-terrorista*, primeiramente publicada em 2016, pela revista *Concinnitas*, do Instituto de Artes da Universidade do Estado do Rio de Janeiro, e, depois, editada como livro em 2024 pelo selo Amarelo Oceânico PA.[59] Isso porque a autora do manifesto, Tertuliana Lustosa, historiadora, escritora, performance e autodenominada terrorista frente às epistemologias cisgêneros, propõe questões que dialogam com o que víamos antes em Carson, Djaimilia Pereira de Almeida e Ana Martins Marques, em tudo aquilo que é característico dos regimes poéticos orientados por historicidades simuntaneístas no contexto do capitalismo tardio.

O *Manifesto traveco-terrorista*, nesse sentido, enquadra o procedimento de coisificação das singularidades trans, problematizando as capitalizações excludentes que regem o mercado das artes em geral. Para isso, a autora nos

---

59 LUSTOSA, Tetuliana. Manifesto traveco-terrorista. *Concinnitas*, Rio de Janeiro, ano 17, v. 1, n. 28, p. 385-409, set. 2016.

convoca a uma revisão do cânone modernista brasileiro. Segundo Lustosa, por trás do mote da arte antropofágica brasileira, ao elaborar seu ímpeto nacionalista via cooptação de forças indígenas e afro-brasileiras, venderam-se "corpos e ancestralidade à lógica do novo eurocêntrico – a vanguarda".[60] Em contrapartida, prossegue Lustosa, produções verdadeiramente marginais, isto é, "de mendigos, putas, pretas e travestis que faturam a universalização do 'nós' brasileiro",[61] acabaram reduzidas à obscenidade ou mesmo à criminalização por não serem inseridas nos espaços intelectuais da sociedade brasileira de que foram estrategicamente distorcidas ou apagadas.

Como modo de atacar a natureza dessa exclusão deliberada, propõe-se, com o *Manifesto traveco-terrorista*, uma remontagem às ancestralidades apagadas, recorrendo-se a um engenhoso cruzamento de uma *etnografia de si*, se nos for permitido o uso dessa terminologia paradoxal, e aquilo que a autora denomina ora de "autopsia espiritual", ora de "arte-escavação" – ou, ainda, de "texto-transição". E de tudo isso emerge uma estratégica torsão epistemológica de modo a dar visibilidade, problematizar e autoanalisar modos de vida e dados que ainda não possuem discursividades ou sequer quantificações

---

60 LUSTOSA. Manifesto traveco-terrorista, p. 387.

61 LUSTOSA. Manifesto traveco-terrorista, p. 389.

dentro dos quadros de uma epistemologia binária estruturante.

Com as categorias de *autopsia espiritual* e *arte-escavação*, portanto, a autora sugere uma "exumação" das descontinuidades soterradas pelos emudecimentos estratégicos de um saber ciscentrado, típico da racionalidade moderna predominante. E reivindica, de outro modo, uma linhagem de precursoras capaz de levar de um Eu-pessoal a uma expansão corporal-epistêmica de sua ancestralidade:

> É urgente para alguns corpos relatar as suas realidades, considerando intensidades sensitivas, vozes, escutas, tensões e paralisias. A possibilidade de escrita sobre minhas vivências e epistemes aglutinam-se às ancestralidades das que já lutaram muito antes de mim, pessoas como Indianara Siqueira, Cláudia Rodríguez e Alessandra Ramos. Sei que foi duro que todas elas existissem e construíssem os seus corpos para que eu hoje tivesse alguns direitos e algumas possibilidades de vivência.[62]

Por fim, Lustosa convoca, juntamente com a exumação ancestral, o procedimento do "texto-transição". Trata-se de um processo de "refração escrita" que, na perspectiva da autora, levaria a uma rota de evasão frente às "dimensões

62 LUSTOSA. Manifesto traveco-terrorista, p. 389.

epistemicidas", ou seja, a um imperativo do "dizer mais ou desdizer algumas coisas para transformá-las em possibilidades de fuga da subalternidade".[63] As práticas da texto-transição, dessa forma, teriam algo familiar à cocriação transgeracional característica do processo decriativo, conforme víamos na poética de Anne Carson, porém em Lustosa com uma ação mais radical: *concatenar-se a outros corpos de criação*, mas para extrair-se das amarras coloniais ou nacionalistas, ideologias que, na revisão do *Manifesto traveco-terrorista*, acabaram por moldar o fetichismo vanguardista. Enfim: a *texto-transição* seria uma *ressemantização transgênero*, de corpos materiais, biológicos ou protéticos, e, ainda, um *corpus* simbólico, poético e representacional.

É justamente nesse âmbito que o procedimento da nostalgia formal vitalista melhor se configura para nós. A forma textual é flagrantemente uma paródia crítica da estrutura do *Manifesto Pau-Brasil*, de Oswald de Andrade, nomeado e atacado pelo terrorismo-traveco. Há, além disso, um toque oriundo da catalogação típica das teses benjaminianas, cuja estruturação, fragmentária e enumerativa, se deixaria ler metabolizada nos "bafos" (teses-trans-terrorista elaboradas por Lustosa) na seção "Princípios-Babados do traveco-terrorismo". Lemos, também, uma emulação de dicção contratualista para o

---

63 LUSTOSA. Manifesto traveco-terrorista, p. 390.

trecho "Contrato traveco-terrorista", criando, por meio de atos de fala, uma performance textual capaz de dar vasão às dicções multitudinárias de minorias submetidas a uma necropolítica, regime que, no caso brasileiro, determina a expectativa de vida das populações trans em 35 anos. E, por fim, se apresenta uma intertextualidade com a ficção-científica do cinema de Kubrick: o filme *2001, uma odissea no espaço* é retomado no trecho "Do monolito travesti", quando se reivindica o "acionamento sudaka dos campos poéticos" mediante a instauração do *monolito* (segundo Lustosa, análogo aos corpos trans que produzem o espanto em uma corponormatividade massificada pela estrutura cisgênero), de modo a elaborar uma corporeidade não mais binária e, portanto, capaz de "adentrar o campo de batalha extratecnológico".[64]

Manifestos vanguardistas, fragmentação pós-romântica & colagens modernistas, performances contratualistas, ficção-científica hollywoodiana – expedientes poéticos identificáveis por qualquer estudante iniciante em uma graduação na área das humanidades. Apesar de decodificados, tais procedimentos são retrabalhados e reinseridos em um contexto que faz com que produzam espaços alternativos de representação e vocalizações inusitadas, não deixando de assim produzir singularizações, bem como rupturas discursivas. Ou como a própria autora formula,

---

64 LUSTOSA. Manifesto traveco-terrorista, p. 400.

ao falar desse atravessamento do sensível na dialética do fora (típico da arte pós-kantiana na era pós-autônoma) e do interior (imperativo da estética kantiana de autonomização) no campo artístico:

> Dentro da arte ou mesmo em atravessamento às suas instituições e instâncias, a reação de repressão sistêmica costuma ser incitada quando o ato artístico desloca politicamente alguma estrutura naturalizada, seja dentro ou fora do campo artístico. E para que a obra produza efeitos políticos de desconstrução de si, é preciso que se pense a contingência demarcada na cartografia da ação: impactos políticos e estéticos – não mais contemplativa, uniautoral, mas por meio de proposições e reapropriações em fluxo do corpo expandido. O desterro e a percepção tortuosa do inviável e do indelineável, muitas vezes, relacionam-se a um contexto geopolítico exato e, clandestinamente, geram desdobramentos múltiplos por meio da perturbação e da evidenciação das contradições contidas no sistema capitalista e no avanço do neoliberalismo dentro do sistema de arte, onde as relações de produção se voltam para os interesses do mercado de arte, que não estão separados de projetos de concentração de capital – seja ele econômico ou simbólico.[65]

---

65 LUSTOSA. Manifesto traveco-terrorista, p. 402.

De um lado, o atravessamento da "texto-transição" abriria caminho para uma produção multiautoral, em sentido amplo, ou seja, reatando o indivíduo com as ancestralidades emudecidas sob os regimes de epistemologias do ciscentramento (Xica Manicongo, Hija de Perra, Candy Mel); de outro lado, viabilizaria um diálogo revisionista com as aliadas feministas, lésbicas ou trans que, por descuido, conforme entende Lustosa, estariam repactuando o epistemicídio da multiplicidade trans (Simone de Beauvoir, Glória Anzalduá, Judith Butler e Paul B. Preciado), ao universalizarem categorias transgêneros ou feministas dependentes de perspectivações de raça, classe e posição no sistema planetário. E ainda: a texto-transição implicaria uma sorte de transgenitalização interpelativa dos cânones filosófico e estético da alta modernidade e da modernidade tardia, segundo Lustosa, fazendo a passagem do dildo para a criação de um corpo-guerrilha mediante a *poiesis* da "cuceta", e assim realizando compulsoriamente o que a autora chama de "o tratamento hormonal e esculturas vaginais nos corpos de Hegel, Nietzsche, Foucault, Derrida, Deleuze, Ginzburg, Marx, Bakunin, David Bowie e Almodóvar".[66] Por tudo isso, a *texto-transição* permitiria, de acordo com as agendas do terrorismo-traveco, ressemantizar o paradigma cisgênero, operando hibridismos e deslocamentos epistemológicos

---

66 LUSTOSA. Manifesto traveco-terrorista, p. 396.

ao escapar do cânone heteropactuado, das epistemes binárias ou até mesmo dos epistemicídios que fundaram a racionalidade hegemônica do mundo moderno mediante emudecimento das diferenças.

Parentescos eloquentes com os agenciamentos poéticos da texto-transição, conforme definida no *Manifesto traveco-terrorista*, poderiam ser pensados em relação à obra *Neca: romance em bajubá*, da escritora Amara Moira, texto publicado inauguralmente em 2019, na antologia *A resistência dos vaga-lumes*, e editado propriamente como livro autoral em 2024. Trata-se de uma história narrada por Simona, personagem e *alter ego* da autora Amara Moira, que, por meio de um monodrama de sub-reptícia dimensão dialogal, relata a formação adolescente de uma forma de vida travesti e mulher trans brasileira e, também, a vida migrante e sob condição de prostituição em Portugal, Espanha e, sobretudo, Itália.

Do ponto de vista da composição poética da linguagem bajubá, poderíamos destacar (para além dos termos africanos oriundos do iorubá, umbundo, quicongo, jeje, fon, índices linguísticos panafricanos e modeladores da linguagem trabalhada no livro) a estrutura de palavras-valise (aglutinações morfológicas e semânticas), típicas de James Joyce; o multilinguíssimo (spanglish, portunhol salvaje, portunglês, italianês macarrônico), característico de autores brasileiros como Sousândrade, Mário de Andrade, Adoniran Barbosa, Wilson Bueno; a música pós-tropicalista, emergente da tradição tropicalista da canção sessentista "Soy loco por ti, América", com ressonâncias atualizadas nesta era de trânsito linguístico típico do *trap* latino-americano (Manu Chao, Devendra, Rodrigo Amarante, Francisco, el hombre, Slim Dee etc.); bem como as oralidades disruptivas de William Faulkner (a implosiva sintaxe na temporalidade narrativa do garoto Benjy) e de Guimarães Rosa (o solilóquio interpelativo de Riobaldo, que parece ser o precursor do monodrama dialogal da narradora de *Neca*).

Nada de novo sob o sol, poderíamos dizer apressadamente diante dessa catalogação de precursores. Mas estaríamos errados, pois (e então caberia rescrever a expressão como: *nena de novo sob o sol*), em *Neca*, a nostalgia formal configura a estratégia de uma revolução transpoética que nada quer deixar no lugar de origem. Segundo o escritor Jeferson Tenório, mencionado pela própria Amara Moira recentemente em suas redes sociais, estaríamos, com o romance *Neca*, passando do enigmático "nonada", palavra-mistério que abre o romance *Grande sertão: veredas*, de Guimarães Rosa, e que tanto intrigou a crítica brasileira, à "nenada", introdutória do mistério linguístico que também abre a página inicial do romance de Amara Moira.

Transfigurações poéticas dessa ordem ecoam, ainda, em releituras do cânone literário nacional, quando a personagem Simona decide revisar a literatura, produzida em língua portuguesa no Brasil e em Portugal, a partir de índices de homoafetividades silenciados nas literaturas de José de Alencar, Machado de Assis, Álvares de Azevedo (que passa a ser chamado de "A Azeveda" e, inclusive, tem um de seus poemas revisto pela régua do bajubá), Mário de Andrade (aliás, "Mary Cona de Andrade", autor de *Macunaíma*, história da primeira personagem *cross* da literatura brasileira), Fernando Pessoa (alcunhado "Fernanda People") e os diálogos com o drama homoerótico de Mário de Sá-Carneiro no armário.

Dessa desnatureza de transfiguração do cânone prossegue-se uma ressemantização bajubá da língua portuguesa, encenando-se uma verdadeira *montação poética*; e a tal ponto performatizada que poderíamos falar em termos de um *cross-linguístico*:

> Passada! O ocó, cê acredita que ele pediu pra eu nenar na neca dele? Ainda bem que na neca e não na boca, porque cê sabe que tem. Nenar nenar, mona, que chequinho no truque nada.
> (...)
> Uó. E, ó, tentar até tentei. Falei que ele ligou na hora certa, a Dona Nena na portinha quase, um puta dum equê, porque ia sair o quê, né? Nem o champagne quentinho direito teve,

> quanto mais o coiso que ele queria tanto. Deu só aquele caldinho do édi de ficar forçando, o que salvou, isso e o botão de rosa, o édi c'os beição pra fora e ele lá tascando beijos. (...)
> O ragatzino da farmácia, gracinha ele, depois me explicou que o babadinho o que faz é bombear sangue pra neca, sólo qüesto, hormônio nenhum ali, mas precisa aí tomar cuidado com coração e fígado.
> (...) E o azulzim é a escusa. Ó, se tem algo que jamé, mai, néver, nunquinha da silva pra eu fazer, guarda o quê. Primeiro, porque eu sou mulher e ficar eu e ela écati no esfrega-esfrega, nojo, as duas fazendo aquele sabãozão babado, gosto nem di imadjinare. No me piatche e pronto. E isso era já mais que suficiente, mas, segundo, porque cê quer ver problema é ir se meter com casal. Comigo já aconteceu de tuto, eu falo como quem há próprio vivido la vita, vivida até bem demais. É mapô que te procura depois, sem o namorado, marido, aquele equê lá dela, sem ele saber, querendo agora continuar só as duas, só as duas o quê? Raciocina! (...) Segredos do ofício pio antico del mondo (...).[67]

O performativo poético da perspectiva trans, aqui, passa pela produção de uma heterotopia do corpo – ou seja, a constituição de uma corporeidade outra, e sempre além

---

67 MOIRA, Amara. *Neca*: romance em bajubá. São Paulo: Companhia das Letras, 2024. p. 7, 76.

da corponormatividade cisgênero. Isso acontece mediante fragmentações de membros e ou via dilatações da corporeidade binária mediante experimentações com orifícios que expandem o campo do sensível corporal. E, de modo similar, recorrendo-se a uma heteroglossia poética capaz de friccionar a língua canonizada pela tradição e expandi-la no realismo do bajubá. Vale sublinhar a questão: no processo de ressemantização transfigurativa, dilata-se a língua de partida tanto quanto a língua de chegada-invenção, criando-se, assim, interseções morfológicas e translinguísticas que já não podem ser apenas o português, o francês, o italiano, o espanhol, o inglês, as línguas de tradição panafricana, senão exatamente aquilo tudo que aparece na argila verbal multilinguística denominada bajubá.

Lidas dessa maneira, a autopsia e a exumação da texto-transição, conforme propõe Lustosa, e o dispositivo de uma "montação" *cross-dressing* para os cânones literários luso e brasileiro, tal como armado por Moira, coloca-nos diante de tecnologias narrativas textuais que, ao lidar com a tradição, fazem uma adição suplementária daquilo que em toda origem nacional é ausência, interdito e ou silenciamento.

As autoras brasileiras, desse modo, estariam em sinergia de práxis poética com a vizinha argentina, a escritora, atriz e dramaturga Camila Sosa Villada. Em um de seus livros atuais, *A viagem inútil: trans/escrita* (2024), Villada entende que, se "Tudo o que sou capaz de escrever já existe", prossegue Villada, "Meu travestismo é como um ancestral da inspiração".[68] Quer dizer, a poética de uma trans/escrita, entre outras coisas, implica que seja exercida dentro de uma subjetividade enquanto prática combatente de uma proibição, atacando toda a censura do silenciamento coercitivo, do impedimento dessas vozes que não se reduzem ao utilitarismo binário, e fazendo dessa escrita um desejo da "Minha mulher proibida" enquanto ato de confirmação que leve a autora a um estado de comunhão com a "antiguidade do mundo". E assim, indo da etnografia de si a performance de si, Villada, mesmo não realizando um trabalho linguístico autenticamente disruptivo, como é o caso de Amara Moira, consegue traçar uma rota alternativa para as descontinuidades históricas, poéticas e ciscentradas, que tradicionalmente apagam pessoas não binárias desde a antiguidade aos dias atuais:

> Por ser uma atriz trans que começou a carreira já adulta, compreendo que nenhum personagem foi escrito para mim. Que é preciso ser de determinada maneira para ter um espaço em peças, filmes ou séries de televisão. Essas maneiras não costumam incluir as travestis.

---

68 VILLADA, Camila Sosa. *A viagem inútil*: trans/escrita. Trad.: Silvia Massimini Felix. São Paulo: Fósforo, 2024.

> Diante da discriminação dos meios de produção de teatro, cinema e televisão, que ainda não entraram no terceiro milênio, decidi escrever minha carreira de atriz. Às vezes, aparece uma coisa que alguém escreveu e acha que eu posso representar. Esse encontro é maravilhoso, mas não acontece com frequência. Pelo menos não é tão frequente para que se torne sustentável. Além disso, a única que pode me proporcionar esse espaço sou eu. Não vou ficar sentada esperando que o mundo mude, porque se a gente abandona por um momento essa ação, essa viagem inútil, então acabará fazendo qualquer outra coisa, menos continuar a viver.
> Eu disse a mim mesma: escreve tudo o que quiser, todas as personagens que desejar. Dê-lhes palavras e depois as represente. Esse jogo duplo de dar vida ao que escrevi é semelhante aos acertos na criação dos filhos, suponho.[69]

No processo da perda de si enquanto estado de dilatação do eu, portanto, a ação das formas de vida trans, nessa representação múltipla, faz do eu interditado e da mulher proibida, ao mesmo tempo, um médium daquilo que, segundo a argentina, não é parte dela, mas sim a atravessa: "A escrita e o travestismo são armas que usei para me entregar à vida como órfã". Enfim, uma orfandade que procura fazer da escrita um contra-saber, um saber outro

---

69 VILLADA. *A viagem inútil*: trans/escrita, p. 39-40.

que estabelece que a cisgeneracidade e a corponormatividade só são categorias hegemônicas se permanecemos dentro de um cânone literário e do imperativo de um pacto de gêneros heteronormativos, dispositivos epistêmicos que postulam um conjunto arbitrário de regulações de perfomances e discursividades que não mais devem prevalecer.

Contrariamente a essa mesma orfandade patriarcal de um cânone literário heteropactualizado, emergiu *As aventuras da China Iron*, romance que, desde a sua publicação, no ano de 2017, ganhou vultos de culto e inseriu a sua autora, Gabriela Cabezón Cámara, no rol das criadoras inadiáveis para a literatura argentina e latino-americana deste século, tornando-a finalista e ganhadora de prêmios mundiais como o Booker Prize (2020), o Ciutat de Barcelona (2024), o Sor Juana Inés (2024), e convidada da FLIP em 2024. A obra em questão enfrenta o cânone literário de seu país mediante uma força de imaginação *queer* frente àquela que é a principal ficção de fundação da poética nacional heteropactuada, o clássico *Martín Fierro* (1872-1879), de José Hernández. A China Iron é uma mulher *criolla*, de traços indígenas, vilipendiada pelo seu marido, o personagem Martín Fierro, e, também, pela estrutura da literatura romântica de fundação do imaginário social e político na Argentina. Divergindo da tradição nacional, mas sempre dialogando com ela,

Cabezón Cámara articula uma historicidade anacrônica, porém vitalista, pois, ao ler o passado argentino a contrapelo, consegue abrir inusitados campos mórficos e políticos através da ficção. E isso acontece justamente pelo fato de as linguagens poéticas do livro se articularem num deliberado atravessamento entre o inglês (a língua de Lis, vulgo, da inglesa Elizabeth, estrangeira residente com quem La China cruzará o deserto pampeano, acompanhadas da cã Estreya, e com quem, sobretudo, descobrirá uma linguagem nova e uma forma insuspeitável de amar), o castelhano colonial e a paródia *criolla* da métrica gauchesca, bem como se expandindo, na parte final do romance, para sintaxes e expressões formuladas a partir das interseções com o guarani e outras variantes linguísticas ameríndias.[70] Em poucas palavras: uma repetição, estilizada sob o regime da nostalgia formal, do que é canônico desde sua origem. Mas uma repetição implosiva ao trazer a diferença ao posto de protagonista. E dessa forma se abre um horizonte de imaginação capaz de operar uma transvaloração dos valores que estiveram historicamente interditados no mito de fundação de origem, que excluiu o princípio de isonomia das desigualdades para prevalecer como estatuto do identitarismo da mesmidade. Por tudo isso, elaborando-se mediante as descontinuidades da

---

70 CÁMARA, Gabriela Cabezón. *As aventuras da China Iron*. Trad.: Silvia Massimini Felix. Belo Horizonte: Moinhos, 2021.

ficção, *As aventuras da China Iron*, neste princípio de milênio, surge como uma obra capaz de operar a poética patriarcaica de fundação argentina, queira na perspectiva *queer*, queira na implosão da língua hegemônica nacional e excludente de outros campos enunciativos, e de epistemologias e saberes alternativos.

ENGORDAMENTOS E A *INVENTIO* NA ERA DO GÊNIO NÃO ORIGINAL

Gostaria de evocar um último exemplo de uma possível estética relacional oriunda do espírito da simultaneização formal característica do processo de desaceleração da historicidade na modernidade tardia, que tomou corpo à luz daquilo que, no ano de 2009, o escritor Pablo Katchadjian realizou no campo literário argentino com a ação poética intitulada *El Aleph engordado.*

Intervindo mediante uma adiposidade textual na estrutura sintática e semântica do conto "El Aleph" (1949), do compatriota Jorge Luis Borges, Katchadjian acrescentou ao texto original uma série de novas adjetivações e reelaborações de frases que amplificam o alcance mimético do texto do qual parte. O texto borgeano permanece com a mesma quantidade original de palavras na apropriação da reescritura da Katchadjian, que dilata os sentidos de recepção ao fazer as adições e amplificar o original. Cabe lembrar que o texto borgeano, escrito ao redor dos mistérios de uma pequena esfera furta-cor, de intolerável fulgor, suscita uma visão sintética e, sobretudo, simultaneísta do universo, antagonizando as estruturas sequenciais-sucessivas da linguagem da escrita alfabética, por um lado, e, por outro, a simultaneidade típica da linguagem visual e da estrutura enciclopédica. O recurso narrativo para a apoteose da cosmovisão, que o conto pretende relatar, é a catalogação sincrônica de eventos da história mundial, entrecruzados com a experiência pessoal do narrador, articulada ali mediante o dispositivo da enumeração e da conglobação, estratégias conseguidas a partir da reiteração ininterrupta do verbo *ver* em primeira pessoa do plural:

> *Vi* el populoso mar, *vi* el alba y la tarde, *vi* las muchedumbres de América, *vi* una plateada telaraña en el centro de una negra pirámide, *vi* un laberinto roto (era Londres), *vi* interminables ojos inmediatos escrutándose en mí como en un espejo, *vi* todos los espejos del planeta y ninguno me reflejó.[71]

A técnica da *enumeratio* funciona como um meio de linguagem apropriado para o sublime, para a desmesura e para a simultaneidade, levando à transfiguração do Eu que se encontra diante da grandeza cósmica e confrontando o universo e todas as temporalidades através da esfera móvel e multicolor chamada Aleph.

Em "Posdata del 1º de noviembre de 2008", Katchadjian informa que, embora tenha intervindo por meio de enxertos de significantes na obra borgeana, o trabalho

---

71 BORGES, Jorge Luis. El Aleph. In: ______. *Obras completas I*: 1923-1949. Buenos Aires: Emecé, 2007. p. 753. Grifos meus.

de engorda teve uma só regra: "não suprimir nem alterar nada, nem palavras, nem aspas, nem pontos, nem a ordem", mantendo o texto de Borges "intacto mas totalmente cruzado pelo meu", diz Katchadjian, "de modo que, se alguém quisesse, poderia voltar ao texto de Borges a partir deste".[72] Enfim, todas as palavras hospedeiras permanecem na nova textualidade parasitária, que, em relação de simbiose, sustenta uma vitalidade conjunta ao manter a natureza do seu precursor e o ressignificar através das adições que levam ao *El Aleph engordado*.

A partir de 2011, o procedimento de Katchadjian passou a ser judicializado por solicitação de Maria Kodama, viúva e então detentora dos direitos autorais de Borges; e assim rendeu – além de um debate intelectual na esfera pública argentina quanto à autoria, intertextualidade e direitos autorais – um longo processo de acusações, defesas, condenações; e, finalmente, resultou na absolvição do autor do engordamento textual.

O caso *El Aleph engordado*, portanto, nos faz lembrar que esse tipo social, ou seja, o autor, conforme bem nos lembra Michel Foucault seu texto *O que é um autor?* (2006), é uma figura eminentemente moderna, emergente de processos judiciais em que os escritores tiveram

---

72 KATHADJIAN, Pablo. *El Aleph engordado*. Buenos Aires: Imprenta Argentina de Poesía, 2009. p. 48.

de se defender publicamente ao serem alvos de categorias de acusação que os reduzia a corruptores de valores morais da classe burguesa. Em suma: desde a antiguidade clássica até meados do século XVIII, qualquer tipo de intervenção textual, mesmo o plágio, era entendido, fora do regime do gênio original pós-kantiano, como uma homenagem ao criador, uma *imitatio* legitimada pela criação a que se referia. Mas após o século XVIII, quer dizer, após a emergência da episteme moderna e da construção do paradigma iluminista de indivíduo emancipado e autodirigido, a noção de propriedade autoral passa a ser tanto um polo irradiador de possíveis categorias de acusação para a figura do autor como um dispositivo legislador que (muito mais que aos autores) beneficia aos editores e livreiros em vias de profissionalização dentro do ascendente capitalismo editorial.[73] E é justamente essa a experiência que encontramos por trás da judicialização da poética relacional de Pablo Katchadjian.

Do ponto de vista do nosso interesse, ou seja, sempre pensando na reconsideração da categorização conceitual da nostalgia formal, poderíamos pensar tanto a "decriação" quanto o "engordamento" à luz daquilo que, desde 2010, Marjorie Perloff vinha discutindo, conforme bem informa o título de sua obra, *O gênio não original:*

---

73 FOUCAULT, Michel. *O que é um autor?* Trad.: António F. Cascais; Eduardo Cordeiro. Lisboa: Nova Veja, 2006.

poesia por outros meios no novo século, publicada ainda em 2013 pela Editora UFMG. Segundo Perloff, "as práticas atuais de arte têm o seu próprio momento e *inventio* particulares".[74] E essa *inventio*, característica do século XXI, seria um acentuamento de procedimentos poéticos que passam pela técnica do *collage* em *The Waste land* (1922), de T. S. Eliot, avançando pelos experimentos da "literatura potencial" dos oulipianos, entre outros exemplos que ressignificariam uma "poética da falta de originalidade" que conformaria um regime de disjunção e conjunção, de interpenetração de origem e destruição, como características decisivas para a poética deste século, assim conformando um novo paradigma para a criação literária da atualidade que se exprime no pós-*dictum* kantiano do gênio original, conforme o parágrafo 46 da *Crítica da faculdade de juízo* (1790).

Diferentemente da primazia iluminista do gênio sobre sua criação, da força criadora que se opõe totalmente ao espírito da imitação, processo no qual a originalidade viria de uma criação *ex nihilo*, gerando, em seguida, o regime da ruptura modernista e sua temporalização mecanicista, a *inventio* característica deste novo século se estabeleceria mediante o convívio e a manipulação crítica de formas

---

74 PERLOFF, Marjorie. *O gênio não original*: poesia por outros meios no novo século. Trad.: Adriano Scandolara. Belo Horizonte: Editora UFMG, 2013. p. 54.

já existentes, levando, por fim, a um procedimento de apropriação que é também recriação – ou decriação, se quisermos permanecer no campo semântico em que Anne Carson ressignifica em sua obra a partir do convívio com Simone Weil.

***

Os procedimentos da nostalgia formal, em sua dimensão vitalista, por tudo isso, não são apenas uma reação contrária às tendências ontológicas e canônicas da modernidade, e sim modulações poéticas capazes de abrir possibilidades ficcionais e epistemológicas inusitadas, porque não reguladas dentro de um campo saturado por sua própria normatividade excludente. Os exemplos que percorremos acima, diversos do saturamento da alta modernidade, convidam a zonas limítrofes onde as singularizações estéticas podem ocorrer de maneira distópica, mas não por isso menos disruptiva. Detratá-los mediante um reducionismo que os lesse como uma estética de "estase", a partir de uma perspectiva modernista obtusa, seria subverter os regimes de transvaloração, e assim dar a entender que a cartilha modernista, longe de seguir sendo um autêntico pacto de rupturas, estaria apenas, hoje em dia, reproduzindo a lógica de dominação estética canônica que um dia se tentou combater. Muito diferente disso, o regime vitalista da nostalgia formal, como tento defini-lo nestas páginas, abre possibilidades de linguagens para a afasia do rupturismo historicista das vanguardas históricas, evitando uma teleologia que tira a densidade histórica do presente em negociação com o passado e os horizontes de imaginação da futurabilidade. A valorização do comum – enquanto ausência e impossibilidade de pertencimento das vozes não hegemônicas e dos corpos não assimilados pelo *nómos* da corponormatividade – reside na capacidade de criar significados a partir de um "não lugar", escavado no campo da tradição moderna, e, por meio desse não pertencimento inventivo, movimentá-la para além das noções de identidades tradicionais, levando a uma renegociação de valores e significados textuais.

Isso acontece porque um sistema de representação é reconhecido como problemático somente quando deixa de funcionar, quer dizer, quando algo no contexto social surge e chama a atenção para o adiamento ou para a ofuscação de tal campo de legitimação. E, daí por diante, novas formas de representação emergem da fricção do familiar com o estranho, gerando, em consequência, catalisações de temporalidades, bem como reposicionando sujeitos históricos, sobrepondo hierarquias, desenhando valores alternativos para a novidade e, finalmente, redefinindo tradições paralisadas pela obsolescência do sistema arcaico que deixou de funcionar. A nostalgia formal, portanto, é, também, uma práxis de renovação das obsolescências desse sistema, uma vez que promove, a partir de dentro, desvios e ressemantizações de estruturas de sensibilidade e saberes binaristas.

Cabe lembrar, finalmente, Barbara Cassin, ensaísta francesa que, em seu livro *A nostalgia: quando, afinal, estamos em casa?* (2024), propõe que o mito da nostalgia não é apenas saudade ou retorno, mas, ainda, uma ficção escolhida e que não cessa de desenhar indícios para que a imaginação de retorno, como um fato de cultura, elabore um mito de familiarização capaz de mediar o identitário com a diferença, o *nómos* sedentário da mesmidade com o nomadismo do múltiplo, enfim, a relação entre o *hospiter* (a hospitalidade) com o *hostis* (a hostilidade) enquanto modeladora da equação confiança-desconfiança entre o já dito e o por dizer, servindo a uma finalidade retrospectiva que retoma a fábula da origem do enraizamento para suplementá-la com o não originário do desenraizamento.[75] É o próprio e é, ainda, o comum (aquilo que começa onde o *proprium*, o particular, define uma linha excludente de não pertencimento comunitário). Tempo como espiral, e não mais como linha. E desse choque pelo retorno ambivalente emerge o imprevisível. Portanto, nostalgia mais como experiência de tensão interna do outro do que expectativa do mesmo, mais como errância do que

---

75 CASSIN, Barbara. *A nostalgia*: quando, afinal, estamos em casa? Trad.: Cláudio Oliveira. São Paulo: Quina, 2024. p. 14-26.

enraizamento. Uma espécie de retorno como forma de fuga para um lugar e um tempo em que jamais estivemos por inteiro – aberto, portanto, às possibilidades de seguirmos sendo uma forma de vida, corporal, textual, que ainda não fomos neste plano de existência e decriação.

Belo Horizonte, janeiro de 2025

REFERÊNCIAS

AGAMBEN, Giorgio. *O que é o contemporâneo?* E outros ensaios. Trad.: Vinícius N. Honesko. Chapecó: Argos, 2009.

ALMEIDA, Djaimilia Pereira. *O que é ser uma escritora negra hoje, de acordo comigo*: dois ensaios e uma conversa. São Paulo: Todavia, 2023.

ARISTÓTELES. *Poética*. Trad.: Paulo Pinheiros. Ed. bilíngue. São Paulo: Editora 34, 2017.

BAKHTIN, Mikhail. *Questões de literatura e de estética*: a teoria do romance. São Paulo: Editora Unesp; Hucitec, 1988.

BAUDELAIRE, Charles. *Sobre a modernidade*. Org.: Teixeira Coelho. Trad.: Suely Cassal. Rio de Janeiro: Paz e Terra, 1996.

BENJAMIN, Walter. Experiência e pobreza. In: ______. *Magia e técnica, arte e política*: ensaios sobre literatura e história da cultura. Trad.: Sérgio Rouanet. São Paulo: Brasiliense, 2022. p. 123-128.

BENJAMIN, Walter. Teses sobre o conceito da história. In: ______. *Magia e técnica, arte e política*: ensaios sobre literatura e história da cultura. Trad.: Sérgio Rouanet. São Paulo: Brasiliense, 2022. p. 241-252.

BERARDI, Franco. *Depois do futuro*. Trad.: Regina Silva. São Paulo: Ubu, 2019.

BORGES, Jorge Luis. La Eternidad y T. S. Eliot. In: ______. *Textos recobrados (1931-1955)*. Buenos Aires: Emecé, 2007. p. 48-51.

BORGES, Jorge Luis. El Aleph. In: ______. *Obras completas I*: 1923-1949. Buenos Aires: Emecé, 2007. p. 757-756.

BORGES, Jorge Luis. Kafka y sus precursores. In: ______. *Obras completas II*: 1952-1972. Buenos Aires: Emecé, 2010. p. 107-109.

BOURRIAUD, Nicolas. *Pós-produção*: como a arte reprograma o mundo contemporâneo. Trad.: Denise Bottmann. São Paulo: Martins Fontes, 2009.

BOURRIAUD, Nicolas. *Estética relacional*. Trad.: Denise Bottmann. São Paulo: Martins Fontes, 2009.

CÁMARA, Gabriela Cabezón. *As aventuras da China Iron*. Trad.: Silvia Massimini Felix. Belo Horizonte: Moinhos, 2021.

CARSON, Anne. *Decreation*: poetry, essays, opera. New York: Vintage Books, 2006.

CARSON, Anne. *Eros*: o doce-amargo. Um ensaio. Trad.: Julia Raiz. Rio de Janeiro: Bazar do Tempo, 2022.

CARSON, Anne. *Sobre aquilo em que eu mais penso*: ensaios. Org. e trad.: Sofia Nestrovski. São Paulo: Editora 34, 2023.

CASSIN, Barbara. *A nostalgia*: quando, afinal, estamos em casa? Trad.: Cláudio Oliveira. São Paulo: Quina, 2024.

CHKLÓVSKI, Viktor. A arte como procedimento. In: TODOROV, Tzvetan. *Teoria da literatura*: textos dos formalistas russos. São Paulo: Editora Unesp, 2013. p. 83-108.

COMPAGNON, Antoine. Exaustão: pós-moderno e palinódia. In: ______. *Os cinco paradoxos da modernidade*. Trad.: Cleonice P. B. Mourão; Consuelo F. Santiago; Eunice D. Galéry. Belo Horizonte: Editora UFMG, 1996. p. 103-124.

DELEUZE, Gilles; GUATTARI, Félix. *Mil platôs*: capitalismo e esquizofrenia. Trad.: Aurélio G. Neto; Celia P. Costa. São Paulo: Editora 34, 1995. v. 1.

DELEUZE, Gilles. *Diferença e repetição*. São Paulo: Paz e Terra, 2018.

DISNEY, Dan. Sublime disembodiment? Self-as-Other in Anne Carson'a *Decreation*. *Orbis Litterarum*, v. 67, n. 1, p. 25-38, fev. 2012.

ELIOT, T. S. Tradição e talento individual. In: ______. *Ensaios*. Trad.: Ivan Junqueira. São Paulo: Art, 1989, p. 37-62.

FISHER, Mark. *Realismo capitalista*: é mais fácil imaginar o fim do mundo do que o fim do capitalismo? Trad.: Rodrigo Gonçalves; Jorge Adeodato; Maikel da Silveira. São Paulo: Autonomia Literária, 2020.

FISHER, Mark. *Fantasmas da minha vida*: escritos sobre depressão, assombrologia e futuros perdidos. Trad.: Guilherme Ziggy. São Paulo: Autonomia Literária, 2022.

FOUCAULT, Michel. *O que é um autor?* Trad.: António F. Cascais; Eduardo Cordeiro. Lisboa: Nova Veja, 2006.

GUMBRECHT, Hans Ulrich. *Modernização dos sentidos*. Rio de Janeiro: Editora 34, 1998.

HABERMAS, Jürgen. *O discurso filosófico da modernidade*. São Paulo: Martins Fontes, 2002.

HARAWAY, Donna J. *Ficar com o problema*: fazer parentes no Chthuluceno. Trad.: Ana Luiza Braga. São Paulo: n-1 edições, 2023.

HARTOG, François. *Regimes de historicidade*: presentismo e experiências do tempo. Trad.: Maria Helena Martins et al. Belo Horizonte: Autêntica, 2013.

JAMESON, Fredric. *Pós-modernismo*: a lógica cultural do capitalismo tardio. Trad.: Maria Elisa Cevasco. São Paulo, Ática, 1996.

JAUSS, Hans Robert. Estética de la recepción y comunicación literaria. Trad.: Beatriz Sarlo. *Punto de vista*, Buenos Aires, ano IV, n. 12, p. 34-40, jul./out. 1981.

JAUSS, Hans Robert. Tradição literária e consciência atual da modernidade. In: OLINTO, Heidrun Krieger (org.). *História da literatura*: as novas teorias alemãs. São Paulo: Ática, 1996. p. 47-100.

KATHADJIAN, Pablo. *El Aleph engordado*. Buenos Aires: Imprenta Argentina de Poesía, 2009.

KOSELLECK, Reinhart. *Futuro pasado*: para una semántica de los tiempos históricos. Barcelona: Paidos, 1993.

LATOUR, Bruno. *Jamais fomos modernos*. Rio de Janeiro: Editora 34, 1994.

LYOTARD, Jean-François. *A condição pós-moderna*. Rio de Janeiro: José Olympio, 2002.

LUSTOSA, Tetuliana. Manifesto traveco-terrorista. *Concinnitas*, Rio de Janeiro, ano 17, v. 1, n. 28, p. 385-409, set. 2016.

MARQUES, Ana Martins. *De uma ilha a outra*. São Paulo: Círculo de Poemas, 2023.

MOIRA, Amara. *Neca*: romance em bajubá. São Paulo: Companhia das Letras, 2024.

NOVALIS. *Pólen*: fragmentos, diálogos, monólogo. Trad., notas e apresentação: Rubens Rodrigues T. Filho. São Paulo: Iluminuras, 2009.

PAZ, Octavio. La tradición de la ruptura. In: ______. *Los hijos del limo*: del romanticismo a la vanguardia. Barcelona: Seix Barral, 1990. p. 15-37.

PERLOFF, Marjorie. *O gênio não original*: poesia por outros meios no novo século. Trad.: Adriano Scandolara. Belo Horizonte: Editora UFMG, 2013.

RANCIÈRE, Jacques. *A partilha do sensível*: estética e política. Trad.: Mônica Costa Netto. São Paulo: Editora 34, 2005.

RICOEUR, Paul. *O si-mesmo como outro*. São Paulo: Martins Fontes, 2014.

SCHEEL, Márcio. *Poética do romantismo*: Novalis e o fragmento literário. São Paulo: Editora Unesp, 2010.

VATTIMO, Gianni. *O fim da modernidade*: niilismo e hermenêutica na cultura pós-moderna. São Paulo: Martins Fontes, 2002.

VILLADA, Camila Sosa. *A viagem inútil*: trans/escrita. Trad.: Silvia Massimini Felix. São Paulo: Fósforo, 2024.

WEIL, Simone. *O peso e a graça*. Trad.: Leda Cartum. Belo Horizonte: Chão da Feira, 2020.

SOBRE O AUTOR

Davis Diniz nasceu em Belo Horizonte em 1981. Na vida adulta, morou por alguns anos em Viçosa, Mina Clavero, Buenos Aires, Rio de Janeiro e São Paulo. Traduziu para o português as obras poéticas de Alejandra Pizarnik, Gabriela Mistral, bem como a narrativa de Roberto Arlt. Desde 2022 trabalha como professor adjunto de Teoria da Literatura e Literatura Comparada na UFMG. É autor do livro de poesia *Manual prático para a pista de dança* (Urutau, 2025).

coleção LUSCO **FUSCO**

A Coleção Lusco-Fusco apresenta ensaios que refletem sobre poéticas da contemporaneidade, em busca de novas veredas de investigação e abordagens experimentais.

OS TÍTULOS DA COLEÇÃO:

1. **NOSTALGIA FORMAL** - DAVIS DINIZ
2. **MINERAÇÃO DO OUTRO** - FLÁVIA PÉRET
3. **CRÔNICA SOBRE A LITERATURA ATUAL (2010-2024)** - PEDRO KALIL
4. **EXPERIÊNCIAS DO CINEMA BRASILEIRO EM DIÁLOGO COM HÉLIO OITICICA (1968-1972)** - THEO DUARTE

COORDENAÇÃO EDITORIAL	MAÍRA NASSIF PASSOS
EDITOR-ASSISTENTE	THIAGO LANDI
COMERCIAL	PATRICK AMORIM
COORDENAÇÃO COLEÇÃO LUSCO-FUSCO	PEDRO KALIL
PROJETO GRÁFICO E DIAGRAMAÇÃO	FERNANDA GONTIJO
PRODUÇÃO EXECUTIVA	ANA CAROLINA ANTUNES
PREPARAÇÃO	AMBUÁ
REVISÃO	OLÍVIA ALMEIDA

Dados Internacionais de Catalogação na Publicação (CIP) de acordo com ISBD

D585n Diniz, Davis

Nostalgia formal / Davis Diniz. - Belo Horizonte: Relicário, 2025.
96 p. ; 12 x 18cm. - (Coleção Lusco-Fusco ; v. 1)

ISBN 978-65-5090-030-4

1. Crítica literária. 2. Teoria literária. 3. Literatura - Estética.
4. Ativismo - Teoria Queer. I. Título. II. Série.

CDD: 801.95
CDU: 82.09

Elaborado pelo bibliotecário Tiago Carneiro - CRB-6/3279

Este livro foi realizado com recursos da Lei Municipal de Incentivo à Cultura de Belo Horizonte - Nº 0651/2023.

/re.li.cá.rio/

R. Machado, 155, casa 4, Colégio Batista | Belo Horizonte, MG, 3110-080
contato@relicarioedicoes.com | www.relicarioedições.com

relicarioedicoes   relicarioedicoes

1ª edição [2025]

Esta obra foi composta em Georgia e Karla e impressa
sobre papel Pólen Bold 90 g/m^2 para a Relicário Edições.

REALIZAÇÃO:

PROJETO REALIZADO PELA SOCIEDADE CIVIL COM RECURSOS ORIUNDOS DA POLÍTICA DE FOMENTO À CULTURA MUNICIPAL

INCENTIVO:

0651/2023

LMIC LEI MUNICIPAL DE INCENTIVO À CULTURA

BELO HORIZONTE PREFEITURA